Industrie pharmaceutique : l'heure du choix

Nathalie Gimenes

Industrie pharmaceutique : l'heure du choix

Éditions de L'Observatoire

ISBN : 979-10-329-1882-1
Dépôt légal : 2021, avril

170 *bis*, boulevard du Montparnasse, 75014 Paris

Préambule

La crise de la Covid-19 braque les projecteurs sur l'industrie pharmaceutique. À la fois porteuse d'espoir et de défiance, cette industrie, souvent mal connue, a toujours fait l'objet de débats controversés. Pour ma part, je l'ai expérimentée de l'intérieur de 1993 à 2018. Je l'ai vu évoluer et s'adapter à un environnement de plus en plus pressant soulevant des questions comme l'éthique des affaires et de la recherche clinique, la gestion des ruptures de stock, les contrefaçons, le prix des médicaments innovants, leur accès aux populations et leur bon usage. J'ai vécu la montée progressive des règles de *compliance* et des processus réglementaires, j'ai assisté à l'émergence de nouveaux métiers, projets et services. En fait, je vivais, de l'intérieur, la mise en œuvre de la RSE (responsabilité sociale des entreprises), autrement dit la déclinaison opérationnelle des enjeux du développement durable. Ce concept encourage un développement économiquement efficace, socialement équitable et écologiquement soutenable. La RSE place le souci de l'humain, de la société et de la planète dans le champ décisionnel des dirigeants. Elle réinterroge jusqu'à la raison d'être même des entreprises et questionne leurs rôles contributifs à la préservation des biens communs, comme celui de la santé. Je percevais en quoi cela pouvait potentiellement transformer les activités des entreprises et la manière dont elles menaient leurs affaires. C'est pour explorer cet enjeu au sein de l'industrie pharmaceutique que j'ai mené, durant quatre années, une thèse en sciences de gestion. Cet essai s'inscrit dans la continuité de ces travaux.

Trois raisons m'ont motivée à l'écrire :

1. La volonté de rendre compte de la singularité de l'industrie pharmaceutique à travers l'analyse de sa responsabilité sociale. Il me paraissait important d'analyser ses activités et son modèle d'affaires, si souvent décrié, à travers le contrat social qui la lie à la société, un moyen également de mieux faire connaître les défis sociaux, écologiques et éthiques de la chaîne de valeur du médicament ainsi que les actions déployées par les grandes multinationales pour y répondre à l'international et en France. En cela, ce livre concerne plus spécifiquement les entreprises les plus importantes, qualifiées de *big pharma*, dont la valeur sur le marché peut excéder des dizaines de milliards de dollars.

2. L'envie de profiter des avancées théoriques et de l'engouement intellectuel et politique actuel autour des questions de « raison d'être » et de « mission » pour questionner celles d'une industrie aussi importante et controversée que peut l'être l'industrie pharmaceutique. En quoi requestionner son rôle et son existence même peut lui permettre de se transformer et de participer à la construction d'une économie du médicament plus égalitaire et plus écologique ? Cette industrie se révèle être un exemple inspirant pour nourrir les débats autour du rôle des entreprises dans la société.

3. Le besoin d'analyser les dispositifs mis en place par les acteurs pour faire du vaccin Covid-19 un « bien public mondial ». Cette crise inédite incite les

laboratoires à endosser un rôle attendu de partenaire de santé publique. Des accords inédits publics-privés sont expérimentés, des rapprochements entre concurrents ont émergé. Quels enseignements tirer de cette gestion ? De cette crise, ne pourrait-il pas se développer une économie du médicament plus égalitaire où le *primum movens* serait l'accès équitable des traitements à tous les patients qui en ont besoin dans le monde d'une manière durable ?

Introduction

> « Dans la vie, il y a deux catégories d'individus : ceux qui regardent le monde tel qu'il est et se demandent pourquoi, et ceux qui imaginent le monde tel qu'il devrait être et se disent : pourquoi pas ? »
>
> George Bernard Shaw

Si l'industrie pharmaceutique est génératrice d'innovations qui transforment la vie de nombreux patients, sa contribution réelle à la production de la santé publique questionne depuis de nombreuses années et suscite de la défiance. Seulement 49 % des Français font confiance aux entreprises pharmaceutiques, selon le 8e Observatoire sociétal du médicament[1]. Orientation de la recherche sur les maladies les plus rentables, truquage des essais cliniques, défaillance de fabrication, effets secondaires dissimulés, corruption des médecins et des autorités de santé, manipulation de l'information, marges exorbitantes, manque de transparence sur la fixation du prix des médicaments

1. Ipsos et Leem, « Observatoire sociétal du médicament 8e vague », Conférence de presse, 13 novembre 2018, Paris, 2018, 33 p.

sont quelques-unes des nombreuses critiques et suspicions.

Et pourtant, plus puissante que jamais, sa capacité à influencer le monde de la santé n'a jamais été aussi attendue pour affronter la crise de la Covid-19 et, plus largement, les défis du monde contemporain. En cela, elle porte une responsabilité sociale, sanitaire, écologique et économique singulière, et la société attend d'elle des engagements sincères et forts. Sera-t-elle à la hauteur de ces attentes ?

La pandémie de coronavirus bouleverse toute une économie mondiale et, au-delà, remet en cause les fondements d'une certaine forme de capitalisme néolibéral qu'il convient désormais de rendre « plus respectueux des personnes, plus soucieux de lutter contre les inégalités et plus respectueux de l'environnement », pour reprendre les propos du ministre Bruno Le Maire.

Dans le contexte mondial actuel, où deux milliards de personnes n'ont toujours pas accès aux médicaments essentiels[1] et où les incertitudes concernant les comptes de santé publique sont grandissantes, qui pourra encore tolérer que la croissance des entreprises pharmaceutiques ne soit toujours pas synonyme de réduction des inégalités d'accès ?

Alors que le réchauffement climatique est considéré comme la plus grande menace mondiale pour la santé publique du XXIe siècle, qu'il pourrait, selon le GIEC[2], générer plus de 300 000 décès supplémentaires par an, qui pourra comprendre que la croissance des entreprises

---

1. OMS, « Accès aux médicaments : agir pour que les forces du marché servent les plus démunis », 2020.

2. Le GIEC, Groupe d'experts intergouvernemental sur l'évolution du climat, évalue, depuis 30 ans, l'état des connaissances sur l'évolution du climat, ses causes et ses impacts.

pharmaceutiques ne s'accompagne pas d'une réduction de leurs émissions de gaz à effet de serre ?

Il y aura le monde d'avant la crise de la Covid-19 et le monde d'après... Un monde d'après qui appelle à plus de solidarité, qui exige une redistribution des richesses plus équitable et une conscience écologique plus forte.

Ces impératifs incitent l'industrie pharmaceutique à renouer avec sa raison d'être et sa mission fondamentale : produire de la santé publique[1].

L'heure ne serait-elle donc pas venue pour les entreprises pharmaceutiques d'écrire une nouvelle page de leur histoire et de contribuer à la construction d'un monde de la santé plus égalitaire et plus écologique ?

Cet ouvrage discute de cette ambition à travers l'analyse du contrat social[2] qui lie les entreprises du médicament à la société, et invite au débat. Il examine les actions déployées aujourd'hui par les plus grands laboratoires pour l'honorer. Sur la base de ce bilan, et en prenant appui sur les dispositifs collaboratifs mis en place pour permettre l'accès aux traitements dans les pays à faible revenu, et pour la recherche et la mise à disposition d'un vaccin contre la Covid-19, il est montré qu'une économie de fonctionnalité et de coopération public-privé peut se développer. Cette économie, qui cherche à apporter des réponses concrètes aux enjeux

1. Comprenons ici « publique » dans son sens fonctionnel, c'est-à-dire qui concerne un collectif de personnes quel qu'en soit son nombre.

2. Toute entreprise est liée à la société par un contrat social coordonné par trois mécanismes, « le marché, le contrôle social et les valeurs partagées », qui assurent, à des degrés divers, une coordination entre les acteurs. Pour en savoir plus sur les fondements théoriques du contrat social, voir entre autre les travaux de Turcotte et Pasquero (voir bibliographie).

du développement durable, incite les laboratoires, les États, les patients, les professionnels de santé et, plus largement, la société civile à coproduire des solutions de santé qui prennent en compte ses déterminants, la pauvreté, les inégalités, les dégradations écologiques et la soutenabilité des systèmes de santé. Elle ouvre un champ des possibles aux laboratoires pharmaceutiques désireux d'incarner un « véritable » rôle de partenaires de santé publique, une opportunité de légitimer leur raison d'être dans le monde d'après et de reconquérir la confiance de la société.

Convenons-en tout de suite, c'est un changement de paradigme qui exige d'être insufflé et accompagné par des États en volonté de changer eux aussi... en étant moins nationalistes, en acceptant de mutualiser leurs efforts, une condition indispensable à la construction d'une « authentique » Europe de la santé.

Le contrat social qui lie l'industrie pharmaceutique à la société a pris une forme toute particulière au travers d'un traitement privilégié concernant le brevet de la protection de la propriété intellectuelle[1]. Détaché en France de la loi de 1844[2] relative aux brevets d'invention pendant plus d'un siècle, le médicament a toujours été considéré comme un produit à part, qui ne pouvait pas être assimilé à tous les produits de l'industrie. Sa production, sa qualité, son prix étroitement liés à

1. Marie-France B. Turcotte et Jean Pasquero, « L'industrie pharmaceutique et ses responsabilités sociales », *in* Joseph J. Lévy et Catherine Garnier, *La Chaîne des médicaments. Perspectives pluridisciplinaires*, Presses de l'Université du Québec, 2007 (santé et société), p. 199-233.

2. Le droit des brevets a été instauré en France en 1791. La révision de la loi en 1844 conduit à l'exclusion « des compositions pharmaceutiques et remèdes de toutes espèces » de la brevetabilité.

la santé ne pouvaient pas être abandonnés aux seuls mécanismes du marché[1]. Seul le procédé pour le confectionner était brevetable sous certaines conditions, tout comme son nom commercial. Des systèmes originaux d'appropriation des inventions pharmaceutiques furent mis en place, de 1810 à 1850 l'État racheta les inventions, de 1941 à 1959 les laboratoires bénéficièrent d'un visa[2]. Cette situation a longtemps octroyé un statut « hybride » au médicament, qui se trouvait être à la fois un bien public par sa nature et un bien privé par son procédé de fabrication. Hormis aux États-Unis où les produits pharmaceutiques ont toujours été brevetables ainsi que leurs procédés de fabrication, la France partageait alors la même vision politique que de nombreux pays européens, mais aussi de l'Inde et du Brésil qui avaient également exclu les médicaments du système de brevet. Il s'agissait pour ces États de préserver l'intérêt de la santé des citoyens et de prévenir un monopole privé qui pouvait nuire à l'accès aux médicaments[3].

Ce n'est qu'en 1968 que le médicament réintègre le droit commun des brevets en France et en Allemagne, la Suisse le fait en 1977, l'Italie et la Suède en 1978 et

1. Jacques Léonard, *La Médecine entre les savoirs et les pouvoirs*, Aubier-Montaigne, 1981.

2. Maurice Cassier, « Brevets pharmaceutiques et santé publique en France : opposition et dispositifs spécifiques d'appropriation des médicaments entre 1791 et 2004 », *Entreprises et histoire* 36 (2), 2004, p. 29.

3. L'American Medical Association a longtemps condamné la prise de brevets sur des inventions médicales aux États-Unis, mais aucun dispositif spécifique n'a été mis en place pour limiter les droits d'un brevet pour raison de santé publique. Néanmoins, l'histoire montre que l'État américain a, malgré tout, utilisé à plusieurs occasions les lois antitrust pour réguler le marché et contrecarrer des positions de monopole privé dans le domaine de la santé. *Cf.* Maurice Cassier, *Ibid.*

enfin l'Espagne et la Grèce en 1992[1]. L'invention d'une molécule bénéficie dès lors d'une protection de vingt ans. Ces décisions sont la conséquence du tournant libéral des politiques de cette époque qui considéraient « le marché » comme étant le meilleur régulateur de l'économie.

Depuis 1948, marquée par la création de l'OMS et l'adoption de la Déclaration universelle des droits de l'homme, la santé est un droit humain et de justice sociale placé sous la responsabilité des États. C'est pourquoi l'industrie pharmaceutique est devenue particulièrement stratégique pour les gouvernements. Même si les États conservent un droit à suspendre la brevetabilité d'un médicament pour sauvegarder les intérêts de la santé publique (au travers des licences obligatoires ou d'office), les laboratoires se présentent dès lors comme un moyen de maximiser leur politique de santé. Le brevet, longtemps refusé, est donc un privilège qui est accordé aux laboratoires pour les inciter à mener cette mission et constitue la base du contrat implicite qui lie les acteurs : l'État et la société acceptent d'accorder aux entreprises du médicament un monopole leur garantissant un retour sur investissement. En contrepartie des importants profits générés par cet avantage, ils attendent des laboratoires qu'ils investissent dans la recherche et le développement de médicaments qui améliorent la santé des populations, qui sauvent des vies et qui répondent aux besoins médicaux non couverts. Eu égard à ces enjeux, ils attendent aussi des laboratoires qu'ils produisent, distribuent les médicaments et mènent leurs affaires d'une manière socialement responsable[2].

1. *Ibid.*
2. Marie-France B. Turcotte et Jean Pasquero, « L'industrie pharmaceutique et ses responsabilités sociales », *op. cit.*

Le contrat social qui lie l'industrie pharmaceutique à la société, tel qu'il existe aujourd'hui, a donc été négocié pour lui conférer un rôle sociétal de fournisseur d'innovation au service de la santé des citoyens. Ce sont ces éléments qui font de l'industrie pharmaceutique une industrie singulière, très « encastrée socialement[1] ». Ses capacités de développement et sa performance ne peuvent se concevoir qu'au regard de celles des politiques et des systèmes nationaux de santé[2]. Du point de vue de la société civile, les entreprises pharmaceutiques ont donc « été créées par la société et pour la société » : c'est en prenant appui sur la recherche fondamentale publique et sur les brevets que les entreprises pharmaceutiques peuvent innover. C'est également grâce à la socialisation de la santé que ces entreprises se développent économiquement. Ce « pacte social » reposant sur de nombreux privilèges, il est somme toute logique que la société attende des entreprises pharmaceutiques des contreparties à la hauteur de ces derniers[3].

Cependant, si l'histoire[4] montre en quoi ce contrat social a permis de guérir de nombreuses maladies autrefois incurables et d'augmenter l'espérance de vie,

1. Mark Granovetter, « Economic action and social structure: The problem of embeddedness », *American Journal of Sociology* 91 (III), 1985, p. 481-510.

2. Marie-Claude Bélis-Bergouignan, Matthieu Montalban, Mustafa Erdem Sakinç *et al.*, *L'Industrie pharmaceutique : règles, acteurs et pouvoir*, La Documentation française, 2014.

3. Marie-France B. Turcotte et Jean Pasquero, « L'industrie pharmaceutique et ses responsabilités sociales », *op. cit.*

4. Pour avoir une approche historique plus détaillée sur la manière dont le contrat social s'est construit dans l'industrie pharmaceutique, il est possible d'aller sur le site de l'auteure : https://www.be-concerned.com/essai-nathalie-gimenes

elle révèle également l'incapacité « du marché » à agir volontairement pour combler les besoins médicaux non solvables, pour déployer des hauts standards de qualité et s'autoréguler en matière d'éthique des affaires. Dès la mise en place des brevets, les entreprises pharmaceutiques ont construit leur fortune sur le modèle de *blockbusters* : découvrir et faire juridiquement protéger des molécules dont les ventes sont supérieures à 750 millions d'euros, soit 1 milliard de dollars. Ce modèle prend d'autant plus son essor à partir de 1994, date à laquelle le pouvoir des brevets est renforcé au travers des ADPIC (accords sur les aspects des droits de propriété intellectuelle qui touchent au commerce) qui garantissent de protéger les innovations de manière exclusive et homogène dans le monde entier.

Ce modèle, soumis aux lois de la mondialisation et de la financiarisation des marchés dans un contexte de forte concurrence, a exposé les laboratoires à des exigences contradictoires, et les a conduits à négliger le contrat social qui les lient désormais aux populations du monde entier : ils ont privilégié les pays les plus riches, les pathologies les plus rentables, négligé pendant de longues années la recherche médicale dans les pathologies tropicales et orphelines (seulement 4 médicaments sur les 1 223 nouvelles molécules commercialisées entre 1975 et 1997[1]) ou encore utilisé le brevet pour imposer leurs conditions au préjudice de

1. La célèbre étude menée par Médecins sans frontières, sous la direction de Bernard Pécoul, montre que sur les 1 223 nouvelles molécules commercialisées entre 1975 et 1997, seulement 13 concernaient des maladies tropicales. Sur ces 13 médicaments, 4 étaient le résultat de recherches effectuées par des laboratoires pharmaceutiques. C'est pour répondre à cet enjeu que les institutions ont créé la catégorie de « maladies rares et orphelines ».

patients. Le procès de Pretoria[1] de 2001 sur l'accès aux trithérapies pour les malades atteints du sida dans les pays à faible revenu en est l'exemple historiquement le plus emblématique. Ce procès ternira très fortement la réputation de l'industrie pharmaceutique, remettra en cause sa légitimité même à mener sa mission et sera révélateur de la question récurrente que pose le contrat social dans ce secteur : est-il possible de concilier santé publique et marché ?

Ce sont ces défaillances du marché[2] pharmaceutique, au sens économique du terme, et une conception

1. L'enjeu de santé publique, dans ce cas, est l'accès aux trithérapies. Les gouvernements sud-africains manquent de moyens financiers pour acheter les innovations médicales nécessaires pour enrayer l'épidémie de sida. Des dons de médicaments sont proposés par les 39 industriels concernés mais restent insignifiants devant l'ampleur de la catastrophe sanitaire. Dans un contexte de pressions de la société civile, notamment celles de différentes ONG dont Treatment Action Campaign et Médecins du Monde, le parlement d'Afrique du Sud autorise l'importation de médicaments par l'entreprise Cipla, fabricant de génériques en Inde, qui proposait une trithérapie pour un prix de cinq à dix fois inférieur à celui proposé par les compagnies pharmaceutiques concernées. Les licences spéciales (ou obligatoires) donnaient en effet la possibilité aux États, dans des conditions de force majeure, d'accorder à un tiers l'exploitation d'un brevet sans la permission de son détenteur. Face à cette décision, les 39 compagnies pharmaceutiques répliquèrent en poursuivant en justice le gouvernement africain, expliquant que cette décision portait atteinte aux droits d'exclusivité conférés à leurs médicaments. C'est le début du célèbre procès de Pretoria de 2001 qui ternit très fortement la réputation de l'industrie pharmaceutique. Sous la pression internationale, 37 des 39 entreprises pharmaceutiques annulèrent leurs plaintes et payèrent les dépens.

2. En économie, une défaillance du marché est un cas dans lequel le marché échoue dans un point de vue optimal des ressources économiques et des biens et services. Dans le cas présent, cela sous-tend l'idée selon laquelle un marché libre ne peut pas assurer seul l'atteinte d'objectifs sociaux jugés comme prioritaires par la société.

néolibérale de son rôle qui sont responsables de la défiance qui s'est installée au rythme des scandales sanitaires.

En réponse, et comme les économistes Esther Duflo et Abhijit V. Banaerjee le rappellent, « il est dans la nature de l'État de s'interposer face au marché[1] ». Les autorités, sous la pression de la société civile, n'ont donc eu de cesse de renforcer la réglementation et la régulation déséquilibrant ainsi le contrat social[2]. Ce dernier fait aujourd'hui l'objet d'un rapport de force incessant, souvent idéologique, altérant les discussions constructives entre les acteurs : un combat des dieux de l'Olympe ! dirait Max Weber. Ces tensions sont d'autant plus passionnées et virulentes qu'elles concernent la santé, et d'autant plus en France où est ancrée une vision régalienne de la santé, autour d'un pacte social collectif et solidaire.

Depuis le procès de Pretoria, le secteur pharmaceutique accorde plus d'attention à ses responsabilités sociétales, avec la volonté d'honorer le contrat social qui le lie à la société. Il suffit d'explorer quelques sites internet de laboratoires, pour s'apercevoir qu'ils revendiquent tous d'être porteurs d'une mission de santé publique. Les laboratoires tentent d'activer le troisième mécanisme de coordination du contrat social autour de « valeurs partagées ». Ils sont entrés dans l'ère de la responsabilisation, une phase qui reste cependant

1. Abhijit V. Banerjee et Esther Duflo, *Économie utile pour des temps difficiles*, Éditions du Seuil, 2020. p. 364.

2. Il faut savoir que tout contrat social est coordonné par trois mécanismes, « le marché, le contrôle social et les valeurs partagées », qui assurent, à des degrés divers, une coordination entre les acteurs. Pour en savoir plus sur les fondements théoriques du contrat social, voir entre autres les travaux de Turcotte et Pasquero.

ancrée dans une certaine conception du capitalisme du XXe siècle où il apparaît compliqué de concilier contribution à l'intérêt collectif et financiarisation des marchés.

1

Honorer le contrat social

Une responsabilité singulière

Quelles responsabilités sociales, écologiques, éthiques, économiques et politiques doivent-elles être assumées par les entreprises pharmaceutiques afin d'honorer le contrat social qui les lie à la société ?

Les réponses sont multiples : combler des besoins médicaux ; produire des médicaments de qualité ; rémunérer équitablement leurs employés et leurs actionnaires ; protéger la santé de leurs salariés ; favoriser la diversité et l'équité ; protéger la nature ; assurer la continuité des soins ; assurer leur performance économique ; garantir l'accès aux traitements pour tous ; lutter contre la corruption ; soutenir les associations de patients et des projets sociaux, culturels d'intérêt général, etc.

Comme pour toute entreprise, la question de leur rôle dans la société, de leur utilité sociale et de leur contribution à l'intérêt collectif se pose. Cette réflexion est particulièrement cruciale pour les firmes pharmaceutiques qui, eu égard à la défiance qu'elles suscitent, sont contraintes de relégitimer leur « raison d'être ».

Un engagement socialement responsable

La responsabilité sociale des entreprises pharmaceutiques est singulière et particulièrement complexe, car elle touche à la fois le médicament, les pratiques de gestion, la mission d'utilité sociale que portent par essence les entreprises et la manière dont elles choisissent de s'approprier leur rôle de citoyen. Être une industrie socialement responsable pour le secteur pharmaceutique va donc dépendre du jugement porté sur la valeur de l'ensemble de ses contributions à la société.

D'une manière générale, la responsabilité sociale d'une entreprise RSE (responsabilité sociale des entreprises) porte l'idée que cette dernière n'évolue pas seulement « en marché », mais aussi « en société »[1]. À ses origines, elle faisait référence à la responsabilité individuelle des dirigeants nord-américains qui, sur la base de considérations éthiques et protestantes, devaient rendre compte de leurs « bonnes intentions ». Le principe moral sous-jacent était que leur succès ne pouvait se concevoir que s'il bénéficiait aussi à la société. La philanthropie était la loyauté des affaires et se traduisait au travers de dons et d'actions de mécénat. Aujourd'hui, de nombreuses entreprises, dont les firmes pharmaceutiques, perpétuent ces pratiques afin de soutenir financièrement des actions d'intérêt général et proposent des mécénats en nature ou de compétence[2]. En

1. Alain-Charles Martinet, *Management stratégique : organisation et politique*, Paris, McGraw-Hill, 1984.

2. Le mécénat de compétence consiste en un apport en ressources humaines, c'est-à-dire le transfert (gratuit, mais avec incitation fiscale) de compétences de l'entreprise au profit de l'association, par le biais de salariés intervenant sur leur temps de travail.

France, par exemple, les entreprises de santé ont créé, en 1982, l'association Tulipe, afin de répondre aux besoins urgents de médicaments des populations en détresse, lors de crises sanitaires aiguës, de catastrophes naturelles et de conflits[1]. Progressivement, la responsabilité sociale de l'entreprise l'amène à devoir prendre en compte les conséquences plus ou moins néfastes de ses activités sur l'environnement social et naturel.

Aujourd'hui, l'entreprise est également incitée à (re)définir son utilité sociale et sa contribution à l'intérêt collectif. Il ne s'agit plus seulement de limiter les externalités négatives générées par les activités, mais aussi de questionner sa raison d'être : pourquoi l'entreprise agit-elle ? Autrement dit, à quoi sert-elle au-delà, bien sûr, de la seule volonté de générer du profit financier ? Il s'agit de redonner du sens au rôle des entreprises, à la finalité même de leurs activités au travers des offres, des services et des modèles économiques, pour un impact positif sur la société et la nature. Cet engagement est un levier de motivation et d'attractivité des employés, en particulier pour les salariés à fort potentiel[2]. Ces derniers choisissent de plus en plus de travailler au sein d'entreprises socialement engagées, citoyennes et respectueuses de l'environnement. La mise en œuvre d'initiatives sociales qui leur sont dédiées fait également partie intégrante de la stratégie de très

1. En 2019, l'association est venue en aide à 350 000 patients par l'intermédiaire de seize ONG dont Action contre la Faim, la Croix-Rouge française, EliseCare, Les Enfants de l'Aïr etc., en relation avec le centre de crise et de soutien du ministère des Affaires étrangères et du Développement international.

2. Jean-Pascal Gond et Jacques Igalens, *La Responsabilité sociale de l'entreprise*, 4e édition, Paris, Presses universitaires de France, coll. « Que sais-je ? », 2014.

nombreuses entreprises, dont celles du médicament : politiques de recrutement, de rémunération, de formation, de qualité de vie au travail, de diversité et de parité – entre autres – sont autant de thématiques au service de la performance des ressources humaines. Si aucune entreprise pharmaceutique n'apparaît dans le classement des 15 meilleurs employeurs français, selon l'enquête 2018 réalisée par *Capital* et l'institut Statista, il est cependant admis que le secteur prend soin de ses salariés – l'ancienneté moyenne en CDI dans le secteur, qui s'élève, en France, à 14,1 ans, en 2017[1], l'illustre bien.

Le cœur du métier de l'industrie pharmaceutique l'amène à contribuer naturellement à la santé, dont les enjeux se définissent à travers l'Objectif de développement durable (ODD) n° 3[2] : permettre à tous de vivre en bonne santé et promouvoir le bien-être de tous à tout âge. Selon un sondage de l'Ifop[3], l'ODD n° 3 apparaît comme la priorité des Français. Il est à mettre en lien avec d'autres ODD qui sont des déterminants de la santé : la lutte contre la pauvreté (ODD 1), contre la malnutrition (ODD 2), contre les violences et les inégalités (ODD 5, 10 et 16), l'accès à l'eau potable (ODD 6), l'accès à un travail décent (ODD 8), la lutte contre les désastres naturels et la pollution de l'air (ODD 7 et 11), contre le changement climatique et ses impacts (ODD 13). La RSE

1. Leem, « Rapport annuel 2018 », 2018.

2. En septembre 2015, l'ONU ainsi que 193 pays ont adopté 17 Objectifs de développement durable (ODD), qui ont vocation à guider toute organisation publique et privée. « Ces objectifs offrent un agenda universel à atteindre d'ici 2030 pour construire un monde plus durable et inclusif. »

3. Ifop, My World et 4D, « Les Français et les Objectifs de développement durable », 2018.

pharmaceutique doit intégrer l'ensemble de ces objectifs dans la chaîne de valeur du médicament.

Parce que le médicament est un bien « tutélaire[1] », une réglementation nationale et internationale cadre l'ensemble de ces enjeux à chaque étape de son cycle de vie. Les industriels doivent en respecter les termes et peuvent choisir de s'engager volontairement dans des démarches socialement responsables en allant au-delà des dispositifs réglementaires. De la R&D à la gestion de la fin de vie des médicaments, les défis sociaux, écologiques et économiques y sont donc nombreux : réponse à des besoins médicaux insatisfaits, éthique de la recherche, qualité de fabrication, accessibilité économique des médicaments, continuité des approvisionnements, lutte contre la contrefaçon, éthique des affaires, sécurité des patients, bon usage des médicaments et gestion des déchets en sont les principaux.

Le médicament[2] est un produit complexe qui possède certes des propriétés thérapeutiques, mais qui peut provoquer des effets secondaires potentiellement toxiques. Il est prescrit à une personne précise, dans une situation pathologique particulière, à des doses, des moments précis et pour des durées définies, en respectant des précautions d'emploi. Qu'il soit vendu

---

1. Un bien tutélaire désigne un bien sur lequel l'État exerce une « tutelle », c'est-à-dire sur lequel il intervient pour encourager ou décourager le public de le consommer.

2. Les produits pharmaceutiques issus de la chimie de synthèse représentent la grande majorité des médicaments disponibles. Les médicaments biologiques, autrement dit les « biomédicaments », sont des médicaments dont la substance active est produite ou extraite à partir d'une source biologique (cellule ou organisme vivant). Ce sont principalement les vaccins, les facteurs de croissance, les médicaments dérivés du sang ou encore les anticorps monoclonaux. En France, le médicament et ses copies sont définis par la Santé publique (art L. 5111-1 ; L. 5121-1-15).

sur prescription médicale, remboursé par la Sécurité sociale ou en vente libre, il exige une attention toute particulière par un ensemble quasi illimité de parties prenantes : en première ligne les patients, qui sont de plus en plus exigeants et impliqués dans leur parcours de soins, les établissements médicaux publics et privés, l'ensemble de tous les professionnels de santé, les assureurs, les caisses de sécurité sociale, les centres de recherche, les universités, les fondations, les ONG, le monde de l'humanitaire, les médias, etc.

C'est la complexité de cet écosystème qui fait du médicament un « bien partiellement public ».

Fournir des innovations à tous les patients qui en ont besoin

Découvrir des médicaments qui répondent à des besoins médicaux mal couverts et les rendre disponibles à tous les patients qui en ont besoin dans le monde sont deux défis absolument cruciaux au cœur du contrat social qui lie l'industrie pharmaceutique à la société. C'est pour mener cette mission que les brevets de la propriété intellectuelle leur ont été accordés. La création de l'ONG Access to Medicine Foundation, en 2008, pour suivre l'engagement du secteur en la matière, en explicite bien l'enjeu : « Les compagnies pharmaceutiques, qui disposent des ressources et des connaissances nécessaires pour mettre au point des médicaments, ont la responsabilité de veiller à ce que ces technologies soient mises à la disposition des gens, quelle que soit leur situation socioéconomique. » De plus, « lorsque les entreprises pénètrent de nouveaux marchés, elles doivent le faire de façon éthique et responsable[1] ».

Répondre aux besoins par une recherche éthique, ouverte et collaborative

Depuis les années 2000, subissant une perte de productivité de leur recherche interne, les grands laboratoires ont été dans l'obligation d'inscrire le défi de l'innovation socialement responsable plus largement dans un besoin de restructuration plus efficiente de leur R&D. Cette situation a conduit à l'émergence d'un nouvel acteur, les start-up de biotechnologie, transformant ainsi le marché de l'innovation. Ceci n'est pas sans conséquence pour les entreprises pharmaceutiques, contraintes désormais d'acheter des start-up, des brevets et des licences d'exploitation pour honorer le contrat social qui les lie à la société et garantir leur pérennité. Le docteur Éric Baseilhac, directeur des affaires économiques du Leem[2], explique que « ces entreprises de petite taille, souvent créées par des chercheurs-entrepreneurs, réalisent les preuves de concept des nouveaux médicaments jusqu'aux premières phases d'essais cliniques. N'ayant généralement pas les moyens de poursuivre le développement jusqu'à son terme, les coûts de développement représentant 80 % des coûts de R&D, elles passent ensuite le relais aux grands groupes pharmaceutiques qui les absorbent à prix d'or ou passent avec elles des accords de licence. Ce modèle est devenu en quelques

1. Access to Medicine Foundation, « Access to Medicine: Who we are? », 2019.

2. Le Leem est l'organisation professionnelle des entreprises du médicament opérant en France. Il compte aujourd'hui plus de 260 entreprises adhérentes, qui réalisent près de 98 % du chiffre d'affaires total du médicament en France.

années le modèle dominant : 60 % des médicaments commercialisés par les grands laboratoires internationaux en 2019 sont nés dans des start-up ». Les laboratoires ont ainsi progressivement tissé des partenariats avec ces biotechs, ont engagé des collaborations pluridisciplinaires public-privé, ont intégré des consortiums au service d'une meilleure compréhension de la physiopathologie des maladies. Certains laboratoires stimulent l'innovation en créant eux-mêmes des réseaux. C'est le cas du premier groupe de santé dans le monde, Johnson & Johnson, au travers de son réseau mondial JLABS qui offre aux start-up émergentes un environnement favorable pour stimuler leur recherche et leur développement industriel grâce à des programmes entrepreneuriaux. Les entrepreneurs y sont libres de développer leur science et leur technologie tout en conservant leur propriété intellectuelle. Cette *open innovation* permet une meilleure connaissance du fonctionnement du système immunitaire, de la génétique, des mécanismes de détection des cellules cancéreuses et des connaissances essentielles pour répondre aux besoins médicaux non couverts. Des partenariats avec des acteurs du numérique (GAFAM ou opérateurs de l'informatique cognitive comme IBM) cherchent à optimiser la sélection des patients lors d'essais cliniques et de rendre plus efficientes l'analyse et l'exploitation des données.

– Les enjeux éthiques de la recherche

Dans ces modèles collaboratifs, le partage de données telles que les séquences d'ADN, les structures protidiques, les données épidémiologiques et celles issues de la recherche préclinique et clinique devient une pratique socialement responsable indispensable. Au-delà d'offrir une meilleure compréhension des pathologies, le partage des données invite les chercheurs à mener des explorations plus poussées. Le retard ou l'absence de communication de données peuvent priver les scientifiques d'informations capitales. Depuis 2004, l'Agence européenne des médicaments a mis en place une politique de publication des données d'essais cliniques dans le cadre d'un processus réglementaire. Tous les essais cliniques conduits par toute organisation publique ou privée au sein de l'Union européenne doivent être déclarés dans un registre, le *European Union Clinical Trials Register*, sous la responsabilité de l'Agence européenne des médicaments. Depuis 2012, dans les douze mois suivant l'achèvement des essais, tous les résultats, positifs ou négatifs, doivent être publiés. Cependant, une étude menée en 2018 par le chercheur Ben Goldacre et son équipe[1] montre que sur 7 274 essais cliniques menés en Europe, 49,5 % ne respectaient pas la réglementation ! Il est surprenant de noter que ce résultat est surtout le fait des universités académiques ou des instituts publics, qui ne déclarent leurs essais cliniques qu'à hauteur de 11 %, les laboratoires pharmaceutiques ayant, quant à eux, des pratiques plus conformes aux exigences[2]. Cependant, les

1. Ben Goldacre, Nicholas J. DeVito, Carl Heneghan *et al.*, « Compliance with requirement to report results on the EU Clinical Trials Register: cohort study and web resource », *BMJ* (362), 2018.

2. L'étude de Goldacre révèle qu'en France, les hôpitaux de Paris ou encore les Hospices civils de Lyon n'ont publié aucun des résultats sur les dix essais dont ils auraient dû rendre compte. Ben Goldacre explique que ces manquements peuvent venir d'une méconnaissance des procédures ou d'une dilution des responsabilités. L'étude souligne les bons scores des firmes pharmaceutiques qui sont significativement au rendez-vous : 100 % des essais de Gilead et Alcon sont conformes aux exigences. Sanofi, sur 111 essais, présente un score de conformité de 99,1 % ; Bayer est à 98,6 %, Johnson & Johnson obtient un score de 98,1 % sur 108 essais. Suivent Servier, à 97,9 %, AbbVie, à 97 %, AstraZeneca, à 96,5 %, Amgen, à 96,1 % et enfin Pfizer, à 95,8 %, sur 168 essais.

entreprises refuseraient de partager leurs données avec d'autres agences ou des scientifiques indépendants[1]. Les brevets encouragent, par essence, le secret et l'isolement, rendant le processus de recherche moins efficace[2]. Des efforts restent donc à faire par l'ensemble des acteurs, l'UE en a d'ailleurs fait un des axes d'amélioration prioritaires de sa stratégie pharmaceutique 2021-2027. Dans la lutte contre la Covid-19, la Commission européenne a lancé, dès avril 2020, une plateforme dédiée à la maladie : « Covid-19 Data Portal », avec succès, semble-t-il, puisque l'ensemble des scientifiques et des professionnels de santé se sont globalement félicités de l'efficience du partage des données concernant en particulier le virus.

Les nouvelles technologies et les exigences en matière de transparence et de protection des données conduisent les laboratoires pharmaceutiques à garantir une politique d'éthique en matière de recherche clinique[3] centrée sur les droits humains : recueil du consentement du patient, soumission des protocoles à un comité

1. Ben Goldacre, Sile Lane, Kamal R Mahtani *et al.*, « Pharmaceutical companies' policies on access to trial data, results, and methods: audit study », *BMJ* (358), J3334, 2017.

2. Mariana Mazzucato, Heidi Chow, Andrea Laplane *et al.*, « The people's prescription. New major policy report on re-imagining health innovation to deliver public value », IPP Policy Report, 2018.

3. Éthique de la recherche clinique : l'article L. 1121-2 du Code de la santé publique stipule que « l'intérêt des personnes qui se prêtent à une recherche biomédicale prime toujours sur les seuls intérêts de la science et de la société ». Cet enjeu éthique a conduit à la création de comités d'éthique et de recherche, composés de scientifiques et d'acteurs de la société civile. Leur création, leur statut juridique et leur fonctionnement varient selon les pays. En France, ce sont des comités de protection des personnes qui, préalablement à toute recherche biomédicale, autorisent ou interdisent, dans un délai de 60 jours, la mise en place d'un essai clinique après une évaluation du rapport bénéfice/risque et de la méthodologie proposée.

d'éthique, indépendance du comité de surveillance en charge d'analyser les données collectées au cours des essais. Au-delà, certains laboratoires pharmaceutiques mènent des initiatives afin de répondre au besoin d'information des patients. En France, par exemple, le laboratoire Roche déploie une campagne d'information sur les essais cliniques auprès des associations de patients. Cependant, les associations revendiquent régulièrement leur volonté d'être davantage impliquées dans la recherche et, en particulier, dans l'élaboration des protocoles des essais cliniques.

Les entreprises se penchent également sur les enjeux éthiques relatifs à l'utilisation d'animaux dans la recherche, une étape indispensable pour s'assurer que les médicaments sont sûrs et efficaces avant de les proposer aux patients. C'est également un moyen essentiel pour mieux comprendre les mécanismes du vivant, comme on peut le lire sur le site de l'INSERM. Qu'elle soit privée ou publique, la recherche sur le modèle animal est encadrée sur le plan législatif et cherche avant toute chose à garantir le bien-être de l'animal. La règle des 3 R (Réduire, Remplacer et Raffiner les expériences conduites avec des animaux[1]) constitue le fondement de la démarche éthique appliquée à l'expérimentation animale en Europe et en Amérique du Nord. Sur ce point, Sanofi témoigne d'une baisse régulière du nombre d'animaux utilisés : – 25,6 % de 2013 à 2017. La possibilité d'une retraite pour les animaux se dessine depuis la directive européenne 2010/63/UE. Pouvoir offrir aux animaux arrivés en fin de protocole une alternative éthique à l'euthanasie, c'est toute l'ambition du GRAAL (Groupement de réflexion et d'action

1. Pour plus de détails, aller sur le site de l'INSERM.

pour l'animal) dont la codirectrice, Emma Dubrunfaut, précise que « plus de 3 500 animaux ont pu officiellement être réhabilités depuis le début de l'action. Les laboratoires qui confient les animaux au GRAAL le font de manière volontaire sans aucune contrepartie et prennent en charge la totalité des coûts ».

Mais difficile de brosser un portrait socialement responsable du secteur pharmaceutique sur ce sujet sensible, qui suscite régulièrement de vives protestations. Comme le souligne la présidente de l'association, Marie-Françoise Lheureux, les laboratoires, souvent « diabolisés », ne sont pas très favorables à la communication sur leur pratique en matière de réhabilitation des animaux[1]. Nos investigations permettent d'identifier l'initiative de Sanofi Pasteur dans la réhabilitation des chevaux utilisés sur le site d'Alba-la-Romaine en Ardèche. L'industriel y produit des antidotes antirabiques, antitétaniques et des antivenins. Les chevaux vaccinés produisent des anticorps qui servent à la fabrication des sérums. Après trois ans, les chevaux sont confiés au GRAAL. Ce sont ainsi plus de 110 chevaux qui ont pu trouver une famille d'accueil.

– Le bilan contrasté de l'innovation

La recherche ouverte est encouragée par la Commission européenne qui, depuis 2007, dans le cadre du grand programme « Horizon 2020 », soutient financièrement certains programmes collaboratifs au travers de l'Initiative européenne pour les médicaments innovants (IMI). La Commission engage 1,5 milliard d'euros, et les laboratoires pharmaceutiques y contribuent, en fonction des

1. Céline Peschard, « Les adoptions, espoir d'une seconde vie pour les 2 millions d'animaux de laboratoire », auféminin.com, 2020.

programmes auxquels ils participent, en y apportant leur expertise, leur équipe et leur infrastructure ou par un apport en cash. L'IMI est le plus grand partenariat public-privé au monde dans le domaine des sciences de la vie. Ses programmes d'innovation ont pour objectif d'optimiser la recherche médicale et thérapeutique prioritairement dans les maladies métaboliques, infectieuses – comme la résistance aux antimicrobiens –, cérébrales – comme la maladie d'Alzheimer – et inflammatoires, ainsi que certaines maladies cancéreuses. L'IMI finance, par ailleurs, depuis 2019, le consortium MELLODDY (*Machine Learning Ledger Orchestration for Drug Discovery*), qui permet à 17 entreprises pharmaceutiques de partager leurs données avec pour objectif d'évaluer les méthodes d'apprentissage automatique dans la prédiction des composés qui pourraient être les plus prometteurs dans les dernières étapes de la recherche thérapeutique.

De plus en plus, ce sont donc les médicaments qualifiés de MTI (médicaments de thérapie innovante) qui sont une priorité collective. La médecine qualifiée de « 4P » (préventive, participative, prédictive et personnalisée) participe à la réorientation de l'innovation pharmaceutique. Ces MTI sont des biomédicaments et des médicaments issus des thérapies géniques, cellulaires et tissulaires. Par exemple, dans le traitement du cancer, la thérapie génique cherche à modifier les cellules immunitaires du patient pour qu'elles détruisent les cellules cancéreuses. Dans le cas des leucémies, les lymphocytes T sont ainsi modifiés en cellules appelées « CAR-T ». Le Kymriah® de Novartis est le premier traitement CAR-T ayant été autorisé, en 2017, aux États-Unis. Si la recherche pharmaceutique en médecine personnalisée ciblait, à ses débuts, principalement le cancer (100 % des 43 innovations autorisées par l'ANSM en 2015), de nombreux essais sont actuellement menés sur les pathologies chroniques et les maladies rares[1].

Il est maintenant important de souligner que ces stratégies collaboratives ont permis aux industriels de renouer avec leur mission fondamentale et attendue de fournisseurs d'innovations. Avec 59 nouveaux médicaments autorisés, l'année 2018 aura été une année record ! Selon l'analyse d'IQVIA[2], cette performance R&D devrait se maintenir. Il est prévu en moyenne 54 lancements de nouvelles substances actives par an au cours des cinq prochaines années, contre 46 au cours des cinq dernières. Les deux tiers des innovations seront des produits spécialisés de biotechnologie, ce qui portera la part des dépenses consacrées aux produits spécialisés à près de 50 % d'ici 2023 dans la plupart des pays.

Des progrès thérapeutiques sont notables. Pathologies invalidantes et chroniques, le psoriasis, la polyarthrite rhumatoïde et l'asthme bénéficient maintenant d'anticorps monoclonaux qui transforment la vie des patients. Aujourd'hui, un patient atteint d'hépatite C guérit. L'essor des connaissances et des technologies en thérapie génique a également permis d'élargir les innovations à de nombreuses indications au-delà des maladies monogéniques, comme à celles de certains cancers. Certaines maladies rares bénéficient désormais de traitements[3], et le

---

1. PricewaterhouseCoopers, « Médecine personnalisée : vers une santé à la carte ? », 2019.

2. Collectif, *The Global Use of Medicine in 2019 and Outlook to 2023 : Forecasts and Areas to Watch*, IWVIA Insitute, États-Unis, 2019, p. 60.

3. Cependant, 95 % de ces dernières n'en bénéficient toujours pas.

nombre de médicaments orphelins[1] est en croissance : 17 autorisations de mise sur le marché en Europe et 21 aux États-Unis en 2018 contre respectivement 7 et 3 en 2012[2]. Ces approches collaboratives permettent ainsi aux industriels de contribuer à l'ODD 17 : renforcer les moyens de mettre en œuvre le partenariat mondial pour le développement. Elles ont également pour vertu de chercher à mieux orienter la recherche sur des besoins médicaux non couverts et de santé publique. Certains de ces traitements, en particulier les thérapies géniques, marquent un tournant majeur, car ils sont à visée curative et sont donc source de grand espoir pour de nombreux patients. Néanmoins, les prix, parfois exorbitants, demandés par les industriels pour leur mise à disposition, suscitent la consternation et la colère de très nombreuses parties prenantes et, plus généralement, de la société : 297 666 euros l'injection de Kymriah® pour une population cible estimée à 50 patients par an en France[3] !

En outre, saviez-vous que les biothérapies innovantes ne se limitent pas aux maladies rares et que les plus fréquentes y sont de plus en plus éligibles ? Les instituts de recherche Généthon et Atlantic Gene Therapies précisent qu'elles vont concerner des dizaines de milliers de patients par an[4]. Leur mise à disposition devient donc

1. On appelle « médicament orphelin » tout médicament développé pour le traitement de maladies rares, nommées aussi « maladies orphelines ».

2. Leem, « Bilan économique 2019 », 2019, 102 p.

3. Rapport de l'Assurance maladie, « Améliorer la qualité du système de santé et maîtriser les dépenses, propositions de l'Assurance maladie pour 2021 », 2020, 268 p.

4. Généthon et Atlantic Gene Therapies, « Thérapies innovantes : réussir l'industrialisation », 2015.

un défi de santé publique mondial, et les pratiques de prix des industriels ne permettent pas d'y répondre.

Quelle valeur apporte un médicament, aussi efficace soit-il, si les patients n'y ont pas accès ? Avec l'arrivée des traitements contre l'hépatite C en 2014, les médecins ont été contraints, pour la première fois depuis la création de la Sécurité sociale, de « rationner », autrement dit de restreindre l'accès des traitements à des « segments » de patients éligibles. L'association Médecins du Monde s'en offusque[1]... Des économistes de l'université York expliquent que le système de santé publique du Royaume-Uni se fixe le montant limite de 30 000 £ pour un médicament qui offrirait une année de qualité de vie. Au-delà de ce montant, les chercheurs affirment que cette dépense impacte la prise en charge d'autres patients en raison du manque de ressources financières[2]. Les prix élevés fragilisent donc les systèmes de santé en leur imposant des choix difficiles. En réponse, et comme le défendent des industriels, il est possible d'exiger des gouvernements d'augmenter leur enveloppe budgétaire en santé. Est-ce cependant audible, alors même que pour les 20 premières entreprises pharmaceutiques, les biothérapies devraient leur permettre d'obtenir, entre 2018 et 2024, un chiffre d'affaires cumulé de 324 milliards de dollars[3] ? Une

1. Médecins du Monde, Médecins sans frontières, La Ligue contre le cancer *et al.*, « Médicaments et progrès thérapeutique : garantir l'accès, maîtriser les prix. La contribution de la société civile au débat public en France », 2018, p. 32.

2. Karl Claxton, Steve Martin, Marta Soares *et al.*, « Methods for the estimation of the National Institute for Health and Care Excellence cost-effectiveness threshold », *Health Technology Assessment* n° 19. 14, 2015, 504 p.

3. EvaluatePharma®, « World Preview 2018, Outlook to 2024 », 2018, 45 p.

rentabilité historiquement réputée pour être l'une des plus élevée... La défiance envers le secteur ne peut que se renforcer...

Le défi du prix juste et équitable

La responsabilité sociale des laboratoires sur le niveau de prix de ces nouveaux médicaments est déterminante puisque, dans le modèle tel qu'il existe aujourd'hui, ce sont eux qui sont en position de force en les possédant, alors même qu'ils sont la source de tant d'espoir pour les patients. Cette position de force, offerte par les brevets, leur a été attribuée dans le cadre du contrat social qui les lie à la société. Ce privilège semble pour autant être devenu progressivement un moyen de pression pour obtenir des prix toujours plus élevés.

Alors, pourquoi ? Qu'est-ce qui peut bien justifier ces hausses de prix ?

– Un besoin en capital conséquent et un risque de plus en plus élevé

Les industriels justifient les prix par la promesse de l'innovation médicale pour les patients et par l'effort de recherche. Ils expliquent qu'ils ne financent pas l'innovation en ayant recours à l'emprunt, mais à des capitaux qu'ils doivent pouvoir attirer par un niveau de rentabilité élevé[1]. L'« intrusion » des start-up de biotechnologie a certes contribué à l'émergence de nouvelles découvertes, mais a également fragmenté la chaîne de valeur de la R&D pharmaceutique en entraînant une surenchère capitalistique. La partie recherche est externalisée à 60-80 %, obligeant les industriels à déployer des stratégies de fusion, d'acquisition et

1. Leem, « Prix et financement des médicaments innovants », 2016.

de partenariats les plus efficientes possibles – alors même que les biotechs, fortes de leurs découvertes, cherchent, quant à elles, à être rachetées ou à négocier l'exploitation de leurs brevets le plus cher possible. Ce modèle constitue un capital développement à risque pour les laboratoires pharmaceutiques, les contraignant à obtenir le prix le plus élevé possible. L'innovation pharmaceutique est désormais dynamique, mais les retours sur investissement ne sont pas garantis[1]. Ces derniers ne cesseraient de baisser depuis 2010, pour atteindre 1,8 % en 2019, contre 10,1 % en 2010. Le coût moyen de la mise sur le marché d'un médicament aurait augmenté de 67 % depuis 2010 pour atteindre un niveau record de près de 2 milliards de dollars. Les prévisions de ventes maximales par produit auraient quant à elles diminué de plus de moitié, puisque les nouveaux médicaments s'adressent à une population plus ciblée et plus restreinte. L'augmentation des coûts de R&D serait surtout liée à celle des coûts de développement, estimée à plus de 10 %[2]. L'émergence des thérapies biologiques a conduit à plus de contrôle : plus d'examens biologiques et radiologiques demandés, plus de patients requis dans les essais cliniques. Ces exigences augmenteraient les coûts et rallongeraient la durée des études cliniques de 25 % en médiane selon l'association PhRMA[3].

Il est vrai que le chemin de l'innovation thérapeutique est connu pour être un processus long – en moyenne

1. Deloitte Centre for Health Solutions, « Ten years on: Measuring the return from pharmaceutical innovation 2019 », 2020, 52 p.

2. Leem, « Bilan économique 2019 », *op. cit.*

3. PhRMA, Pharmaceutical Research and Manufacturers of America, est un groupe commercial représentant les entreprises de l'industrie pharmaceutique aux États-Unis.

douze ans –, complexe et coûteux. Selon les industriels, sur 10 000 molécules criblées, une seule parviendra à passer toutes les étapes de tests et d'essais cliniques pour devenir un médicament. Chaque année, des milliards sont consacrés au développement de nouveaux médicaments. En 2018, les sociétés de biotechnologie ont investi plus de 23 milliards de dollars et les *big pharma* environ 100 milliards de dollars, un capital conséquent dont la productivité apparaît de plus en plus incertaine[1]. Dans *Le Monde* du 3 mai 2020, nous pouvions lire les propos de Sébastien Jean, directeur du Centre d'études prospectives et d'informations internationales, qui qualifiait la recherche pharmaceutique de « gigantesque partie de poker ». Il ajoutait : « Les laboratoires misent des centaines de millions sur une substance alors qu'il existe une chance minime de mener le processus à son terme. Le risque est présent jusqu'à la fin. Pensez qu'un test ultime peut mettre en évidence un effet secondaire indésirable », ce qui aurait pour conséquence de stopper les essais. « En août 2012, l'américain Bristol-Myers Squibb annonça l'abandon de ses recherches sur un médicament contre l'hépatite C, qui l'obligea à passer une provision de 1,8 milliard de dollars dans ses comptes[2]. »

Les coûts de R&D et les retours sur investissement sont à mettre en regard de l'augmentation du taux d'échec du développement de nouvelles thérapies. Selon les industriels, en oncologie, le taux d'échec en fin d'étude de phase III serait de 50 %. C'est pourquoi certains laboratoires ne chercheraient plus obligatoirement

1. Deloitte Centre for Health Solutions, « Ten years on: Measuring the return from pharmaceutical innovation 2019 », *op. cit.*

2. Marie-Béatrice Baudet, « Coronavirus : pourquoi la France a tant de mal à se fournir en médicaments », *Le Monde*, 3 mai 2020.

à acquérir les droits de propriété intellectuelle une fois qu'une molécule est découverte. Ils chercheraient plutôt à prolonger les collaborations et à bénéficier de droits plus étendus sur les résultats de la découverte. Ces approches leur permettent également de mieux appréhender les risques tout au long du cycle de vie du médicament, puisque tout événement de pharmacovigilance peut, à tout moment, dégrader la valeur médicale du médicament et stopper sa commercialisation.

– Le besoin de prendre en compte la nature cocréée publique-privée des médicaments

Face à ces arguments, certains économistes, dont Mariana Mazzucato, de l'université de Sussex, rappellent que de nombreuses innovations n'auraient jamais pu voir le jour sans les investissements publics massifs des États : plus de 71 % des médicaments en développement sont aujourd'hui issus de start-up spécialisées en biotechnologie, elles-mêmes souvent issues de la recherche fondamentale académique. C'est le cas, par exemple, de BioNTech ou de Moderna[1]. Selon l'économiste[2], les institutions gouvernementales américaines, en somme les contribuables, ont participé, à hauteur de plus de 100 milliards de dollars, au financement de la recherche fondamentale des 210 nouveaux médicaments approuvés par la FDA, de 2010 à 2016. Le National Health Service, en Angleterre, aurait quant à lui investi, en 2016, 1 milliard de livres sterling pour

1. Margaret Kyle et Anne Perrot, « Innovation pharmaceutique : comment combler le retard français ? », *Les Notes du conseil d'analyse économique* n° 62, 2021.

2. Mariana Mazzucato *et al.*, « The people's prescription. New major policy report on re-imagining health innovation to deliver public value », *op. cit.*

l'achat de médicaments qui avaient déjà bénéficié d'un financement public.

Le cas récent du Zolgensma® de Novartis a mis cet enjeu sur le devant de la scène. Le traitement ne soulève pas seulement la question de son prix invraisemblable de 2 125 millions de dollars l'injection aux États-Unis ! mais aussi le fait que ce soient des financements publics et associatifs du Généthon (destinataire des dons du Téléthon) qui aient contribué à sa découverte.

L'Assurance maladie française souligne, de son côté, que les start-up de biotechnologie qui développent les nouvelles molécules, rachetées ou en partenariat avec les entreprises pharmaceutiques, ont pu se développer grâce aux subventions de l'État. Depuis les années 1990, la France investit, en effet, de manière conséquente, dans le développement du secteur des biotechnologies : partenariats publics-privés, *cluster*, pôle de compétitivité santé. « En 2015, Bpifrance a financé 500 entreprises de biotechnologies pour un montant de 206 millions d'euros.[1] » En 2017, ce sont 470 millions d'euros alloués au développement des entreprises dites de la HealthTech (start-up de biotechnologie, MedTech[2], e-santé). Une série d'incitations financières permet d'optimiser la recherche publique et privée, comme les investissements d'avenir, le crédit d'impôt recherche, les statuts de jeunes entreprises innovantes, des aides de l'État que peuvent percevoir également les grands groupes pharmaceutiques. Pour la ministre Agnès Pannier-Runacher, secrétaire d'État auprès du ministre de l'Économie et des Finances, « [n]ous avons ainsi sanctuarisé le crédit

1. Philippe Abecassis et Nathalie Coutinet, *Économie du médicament*, La Découverte (Repères), 2018, p. 45.

2. Nouvelles technologies appliquées à la médecine.

d'impôt recherche, qui représente 800 millions d'euros par an pour les industries de santé[1]. » Alors, quand le président de Sanofi France, Olivier Bogillot, évoquait, au début de la crise de la Covid-19, la possibilité d'un partage du risque avec les autorités européennes, qui pourrait se concrétiser par des précommandes du candidat-vaccin, certains acteurs de la société civile y ont vu un chantage inacceptable, rappelant que « Sanofi perçoit de l'État français entre 110 et 130 millions de crédit d'impôt recherche par an ».

Ces analyses sous-tendent l'idée que la société civile payerait finalement « deux fois » les traitements. Dans son numéro de septembre 2020, la revue *Prescrire* pointe du doigt ce raisonnement[2] : « Les firmes pharmaceutiques justifient souvent ces prix exorbitants par l'importance des dépenses de recherche et développement (R&D) pour les nouveaux médicaments. Mais si le financement de cette recherche est en partie assuré par des fonds publics, et si les firmes pharmaceutiques bénéficient de nombreuses aides, ces prix sont-ils encore justifiés ? » La société civile revendique régulièrement que soit rendu public l'ensemble des aides perçues par les laboratoires. Après de longues années d'opacité sur la question, la société civile a été entendue et un premier pas vers plus de transparence vient d'être fait. La loi de financement de la sécurité sociale 2021[3] exige désormais des entreprises qu'elles mettent à la disposition du Comité économique des produits de santé le montant des investissements publics dont

1. France Biotech, « Panorama France HealthTech 2019 », 17, 2020, 85 p.

2. « Médicaments : financement public de la recherche et profits privés », *Prescrire*, n° 443, 40, 2020, p. 699.

3. Article L. 162-17-4-3.

elles ont bénéficié pour la recherche et le développement de leurs médicaments[1]. Ce montant sera rendu public. Il est intéressant de noter que ce type de mesure existe déjà dans une trentaine d'États américains, au travers d'une législation plus exigeante : au-delà d'un certain niveau de prix d'un médicament, le laboratoire doit rendre transparent les coûts de la R&D, du marketing, les bénéfices et les prix pratiqués dans d'autres pays[2]. Dans une volonté d'être plus transparents, les laboratoires pourraient décider d'aller au-delà et de publier volontairement le montant des investissements publics de R&D dont ils ont bénéficié au niveau mondial et au regard du nombre de médicaments autorisés.

Dans le cas évoqué du Zolgensma®, Christian Cottet, directeur général de l'AFM-Téléthon, reconnaît que l'institut Généthon et le CNRS perçoivent une part de l'argent liée à la vente du médicament – des accords de licence ont été passés avec la société AveXis (achetée par Novartis en 2018), quant à l'utilisation des brevets français. Il explique que ces accords « prévoient le versement de 4 millions d'euros à la signature puis des versements échelonnés d'un total de 11 millions d'euros, au fur et à mesure des étapes de développement, le tout associé à un pourcentage sur les ventes du médicament aux États-Unis et en Europe. Ce qui correspond à des sommes de l'ordre de plusieurs dizaines

1. « Médicament inscrits ou ayant vocation à être inscrits sur l'une des listes mentionnées au premier alinéa de l'article L. 5123-2 du Code de la santé publique ou aux deux premiers alinéas de l'article L. 162-17 du présent code » ; pour information, ces listes précisent par exemple les indications thérapeutiques ouvrant droit à la prise en charge des médicaments.

2. Mariana Mazzucato *et al.*, « The people's prescription. », *op. cit.*, 2018.

de millions d'euros sur la durée, que se partageront Généthon et la recherche publique française (CNRS), copropriétaires des brevets ». Christian Cottet ajoute que « ces sommes seront entièrement réinvesties dans de nouveaux programmes de recherche, notamment pour des maladies rares, dans le respect de la vocation non lucrative de Généthon[1] ».

La vente de Zolgensma® se redistribue donc entre les acteurs. Mais impossible de savoir de combien réellement, et donc de faire le lien entre le prix fixé et la répartition de la valeur entre les partenaires. Il est, par ailleurs, peu probable que cette répartition fasse partie des négociations avec les autorités au moment de la fixation du prix. S'il est sans doute exagéré de conclure que les entreprises pharmaceutiques s'enrichissent avec l'argent des contribuables, comme certains peuvent l'avancer, il est somme toute légitime de s'interroger sur la manière dont les contributions de l'État, des associations et, plus largement, de la société civile pourraient être prises en compte lors des négociations. L'initiative européenne pour les médicaments innovants est régulièrement très critiquée pour son manque de mesures qui conditionneraient ses aides à un accès abordable aux produits finaux issus de la recherche. Cette opacité alimente la défiance et ne traduit pas la nature cocréée publique-privée des médicaments. Mais au-delà reste la question cruciale de l'accès au Zolgensma®, qui se trouve être au cœur de l'engagement des associations de patients et au cœur du contrat social pour les entreprises pharmaceutiques. Cet accès n'est pas garanti, et la proposition de Novartis de mettre en place « un

---

1. Jean-Yves Nau, « À quel prix le Zolgensma®, le médicament le plus cher du monde, sera-t-il vendu en France ? », *Slate.fr*, 2019.

tirage au sort » pour permettre l'accès du traitement à cent bébés a suscité l'indignation générale...

– Des États qui « organisent leur impuissance »

Dans l'approche conventionnelle qui prévaut aujourd'hui en France[1], le rapport de force entre les acteurs s'équilibre selon l'équation suivante : l'État a le dernier mot sur le prix, l'industriel peut décider de ne pas vendre. Or ne pas vendre sous prétexte d'un prix trop faible amènerait l'industriel à négliger le contrat social qui le lie à la société, dès lors que son traitement est susceptible d'apporter une avancée médicale et de pallier un besoin mal couvert. Pourtant, le rapport de force fait que, face à cette « menace » potentielle, les pouvoirs publics et le Comité économique des produits de santé concèdent régulièrement la commercialisation de ces nouveaux médicaments à des prix très élevés. Refuser leur prise en charge serait contraire à la mission de l'État, garant du droit à la santé pour tous et au-delà, ce serait ne pas offrir une chance de survie à de nombreux patients. Pour autant, en régulant chacun de leur côté le prix des médicaments et en se mettant en concurrence, les pays, en particulier européens, « créent eux-mêmes les conditions de ces arbitrages impossibles[2] », alors que, dans le même temps, les laboratoires disposent, eux, d'une vision globale du marché. Pour le comprendre, il est nécessaire d'explorer les processus de fixation du prix des médicaments dans les pays, qui conduisent,

1. En France, la fixation du prix des médicaments s'inscrit dans une approche conventionnelle « État-industrie » dont les grands principes sont négociés dans l'accord-cadre.

2. Caroline Izambert, « La transparence du coût des médicaments, une mesure de santé publique ? », *Santé publique* vol. 31 (3), 2019, pp. 335-337.

pour 25 des 28 pays membres de l'Union européenne, à fixer un « double prix » au médicament.

En France, le système de fixation du prix du médicament et de son taux de remboursement repose sur deux questions fondamentales[1] :

1. Le médicament a-t-il suffisamment d'intérêt clinique pour être pris en charge par la solidarité nationale ? – c'est le service médical rendu qui déterminera le taux de remboursement.

2. Le médicament apporte-t-il un progrès par rapport aux traitements disponibles ? – c'est l'amélioration du service médical rendu qui servira de base à la négociation du prix. La corrélation du prix du médicament au bénéfice thérapeutique qu'il procure est donc déterminante. Ce critère, qui correspond à la valeur thérapeutique ajoutée du médicament, fixe le prix au regard de cinq niveaux : I, majeure ; II, importante ; III, modérée ; IV, mineure ; V, inexistante (absence de progrès thérapeutique). C'est sur cette base que le Comité économique des produits de santé fixe le prix public du médicament, autrement nommé le « prix facial ». Le prix public tient compte également du prix des médicaments à même visée thérapeutique, de la population cible et des prix pratiqués à l'étranger. Par exemple, le prix des médicaments bénéficiant d'une amélioration du service médical rendu de I à III ne peut pas être

1. Après avoir obtenu, auprès de l'Agence européenne du médicament et de l'Agence nationale de sécurité du médicament, une AMM, l'entreprise pharmaceutique qui souhaite que son médicament soit pris en charge par la Sécurité sociale dépose une demande à la HAS (Haute Autorité de santé), en vue d'un examen par la Commission de la transparence, du service médical rendu et de l'amélioration du service médical rendu. Pour plus de détails sur l'évaluation des médicaments, aller sur le site de la HAS.

inférieur au prix le plus bas des quatre pays européens de marchés comparables (Allemagne, Royaume-Uni, Espagne et Italie) sur une période de cinq ans.

Afin de tenir compte des impératifs budgétaires de la dépense de santé, le Comité économique des produits de santé peut ouvrir une négociation avec l'industriel sur un éventuel « prix net » confidentiel, qui résulte de l'application de différents mécanismes de remises[1]. Ces remises sont des outils de régulation qui, au-delà de répondre à des enjeux purement commerciaux, portent un sens politique plus large. Elles s'inscrivent, en effet, dans une logique de gestion économique internationale du marché du médicament. Ceci n'est pas sans conséquence, car dans la mesure où les prix sont fixés en référence aux prix de l'innovation déterminés dans d'autres pays, il est préférable pour les industriels d'afficher des prix les plus hauts possibles, leur donnant des marges de négociation plus grandes. Les économistes Philippe Abecassis et Nathalie Coutinet[2] dénoncent l'effet pervers de ces stratégies internationales qui conduisent les laboratoires à commencer les négociations dans les pays susceptibles d'accorder les prix les plus hauts (États-Unis et Royaume-Uni) afin qu'ils servent de référence pour les autres pays. Selon les industriels, ces stratégies et les prix faciaux publics cherchent à éviter une potentielle spirale déflationniste qui pourrait être préjudiciable à l'innovation. À l'inverse, il est également logique de craindre de

1. Pour plus d'informations sur les types de remises en France, voir le rapport d'activité du Comité économique des produits de santé, pour ceux déployés en Europe, voir Benoît Cyril, *Réguler l'accès aux médicaments*, PUG, 2020.

2. Philippe Abecassis et Nathalie Coutinet, *Économie du médicament*, *op. cit.*, 2018.

la part de ce système une escalade des prix faciaux, comme le souligne la Cour des comptes. Le niveau de prix atteint par certains nouveaux médicaments semble plutôt donner raison à la Cour des comptes. De leur côté, les pouvoirs publics justifient régulièrement leur consentement à des prix faciaux publics élevés par la négociation des remises confidentielles. C'est, par ailleurs, un moyen pour les autorités de contribuer à l'attractivité industrielle pharmaceutique de la France. Seulement, la Cour des comptes dénonce ce positionnement, expliquant que les remises engendrent, en réalité, des surcoûts pour l'Assurance maladie. Pour illustrer le propos, elle rappelle que les marges des grossistes-répartiteurs et des pharmaciens d'officine sont calculées sur le prix public facial et non sur le prix net après remise[1]. La Cour des comptes reproche ainsi aux autorités de vouloir concilier « politique industrielle » et « politique de santé publique », les conduisant parfois à fixer ou à maintenir des prix anormalement élevés.

Au-delà de ces enjeux économiques et politiques, ce « double prix » du médicament alimente la suspicion et la défiance. La société civile dénonce le fait que ces remises utilisées en routine « polluent une gestion saine, lisible et transparente de la dépense du médicament[2] ».

---

1. Cour des comptes, « La fixation du prix des médicaments : des résultats significatifs, des enjeux toujours majeurs d'efficience et de soutenabilité, un cadre d'action à fortement rééquilibrer », *Sécurité sociale : Rapport 2017 sur l'application des lois de financement de la sécurité sociale*, 2017.

2. Médecins du Monde *et al.*, « Médicaments et progrès thérapeutique : garantir l'accès, maîtriser les prix. La contribution de la société civile au débat public en France », *op. cit.*

Cependant, les choses pourraient changer avec l'appel du 28 mai 2019 de l'Assemblée mondiale de la santé[1]. Dans un message qui fera date, elle incite, pour la première fois, les États à « révéler les prix réels payés par leur système de santé pour les médicaments, à rendre publics les résultats des essais cliniques ainsi que les données relatives à la propriété intellectuelle des produits de santé[2] ». À ce stade, si les négociations des remises entre les entreprises et le Comité économique des produits de santé s'inscrivent dans le cadre légal du secret des affaires, ce dernier publie, chaque année, le montant global des remises accordées. Calculé sur la base des ventes réalisées en 2018, ce montant, en hausse de 40 % par rapport à 2017[3], s'élève à 1 916 millions d'euros[4], un chiffre qu'il est intéressant de mettre au regard des 19,6 milliards remboursés par les régimes d'assurance maladie pour les médicaments délivrés par les pharmacies d'officine[5].

– Des compromis au service des patients

Convenons-en, la question du « prix juste et équitable » du médicament est extrêmement compliquée dans le système d'aujourd'hui, un système qui alimente surtout le rapport de force entre les acteurs. Pour le Comité économique des produits de santé, ce qui pose particulièrement problème dans la fixation du prix,

1. L'Assemblée mondiale de la santé est l'organe décisionnel suprême de l'OMS.

2. Caroline Izambert, « La transparence du coût des médicaments, une mesure de santé publique ? », *op. cit.*

3. CEPS, « Rapport d'activité 2018 », novembre 2019, 192 p.

4. *Ibid.*

5. Rapport de l'Assurance maladie, « Améliorer la qualité du système de santé et maîtriser les dépenses, propositions de l'Assurance maladie pour 2021 », *op. cit.*

c'est le traitement des preuves d'efficacité que seraient susceptibles d'apporter ces nouvelles molécules[1], l'OMS soulignant, par ailleurs, que les politiques de tarification en cours mènent à des prix bien supérieurs à la valeur clinique réelle de certains produits comme les anticancéreux. L'Assurance maladie souligne, sur ce point, que le coût moyen d'une année de vie gagnée grâce aux traitements anticancéreux avait été multiplié par dix en vingt ans[2] !

Le défi collectif est de permettre aux payeurs et aux industriels de prendre en compte l'incertitude inhérente à l'efficacité d'un nouveau médicament en vie réelle, sur le long terme, tout en offrant une chance à tous les patients concernés. C'est dans cet esprit de partage du risque que les approches contractuelles tendent à se développer. Des autorisations temporaires d'utilisation de nouveaux médicaments jugés prometteurs peuvent être délivrées à des patients sans alternative thérapeutique dont le pronostic vital peut être engagé. Ces autorisations exceptionnelles permettent aux laboratoires de fixer librement leur prix. Néanmoins, si les bénéfices cliniques ne sont finalement pas à la hauteur des attentes, alors le Comité économique des produits de santé exige du laboratoire le versement de tout ou partie de la différence entre le chiffre d'affaires facturé aux établissements de santé au titre de cette période exceptionnelle d'autorisation[3]. Ce fut, par exemple, le cas du Spinraza®, du laboratoire Biogen. Une autorisation temporaire avait

1. CEPS, « Rapport d'activité 2018 », *op. cit.*

2. Rapport de l'Assurance maladie, « Améliorer la qualité du système de santé et maîtriser les dépenses, propositions de l'Assurance maladie pour 2021 », *op. cit.*

3. Ministère des Solidarités et de la Santé, « Autorisations temporaires d'utilisation (ATU) », 2020.

été acceptée, en 2017, pour des patients symptomatiques atteints d'amyotrophie spinale proximale. Le prix fixé par la firme fut de 85 000 euros le flacon et, *in fine*, le prix public « officiel » fut de 70 000 euros.

Des contrats « à la performance » (ou aux résultats) sont également en train de progressivement se développer dans tous les pays, avec l'arrivée de nouveaux médicaments. L'ambition est de pouvoir relier le prix à la valeur thérapeutique réelle apportée par le médicament, par exemple, si ce dernier apporte une survie sans progression d'une maladie ou s'il permet de gagner des années et de la qualité de vie. C'est une économie pharmaceutique qui tend à s'orienter vers l'achat d'une valeur et non plus vers du volume.

Néanmoins, en pratique, la mise en place de ce type de contrat n'est pas exempte de critiques et d'obstacles aussi bien éthiques, financiers que techniques. Le nombre de cohortes, de registres, d'études observationnelles réellement utilisables en routine pour des études de suivi en vie réelle sur le médicament est aujourd'hui limité. De plus, le Comité économique des produits de santé souligne que ces approches ne permettent pas de régler la question sensible du « niveau » du prix[1]. Il suffit de se souvenir du cas du Sovaldi®, en 2014, pour le comprendre. La société Gilead justifiait sa demande de prix de 41 000 euros par personne par le fait que non seulement le traitement apportait la guérison aux patients atteints d'hépatite C, mais qu'en plus il permettait une réduction des coûts de santé pour les pouvoirs publics. Plus précisément, il s'agissait de corréler le prix du traitement au coût d'une greffe de foie évitée. Cette manière d'appréhender le prix des médicaments avait

1. CEPS, « Rapport d'activité 2018 », *op. cit.*

suscité, à l'époque, de vives réactions. Pour reprendre la métaphore utilisée par l'association Médecins du Monde, ce modèle d'affaires consiste à « faire payer l'airbag au prix de l'accident de voiture évité ». Pour 110 cancérologues français, il est important de rappeler que « le prix des antituberculeux, apparus au milieu du XXe siècle, n'a heureusement pas été défini en fonction des années de sanatorium et des morts évitées[1] ». Au final, le prix du Sovaldi® est conditionné à sa performance, et le Comité économique des produits de santé a négocié, avec la société Gilead, une clause avec un indicateur simple : l'éradication de la charge virale, dont le suivi se fait en vie réelle par une étude observationnelle.

– Des services pour une contribution sociétale plus large

Malgré ces critiques, la prise en compte progressive de la performance en vie réelle des médicaments et de leur utilité sociale dans la fixation du prix se développe. Même si elles peuvent représenter un coût élevé à court terme, les nouvelles thérapeutiques sont susceptibles de générer, potentiellement, des bénéfices à moyen et long termes sur l'organisation des soins et, plus généralement, sur les budgets de santé[2]. Cela conduit les laboratoires à développer de plus en plus de services autour du médicament susceptibles d'avoir un impact positif de santé publique. Selon Guy Eiferman, ancien dirigeant dans l'industrie pharmaceutique, enseignant à Sciences Po et conseiller en santé numérique, « le

1. Dominique Maraninchi et Jean-Paul Vernant, « L'urgence de maîtriser les prix des nouveaux médicaments contre le cancer », *Le Figaro Santé*, 2016.

2. Margaret Kyle et Anne Perrot, « Innovation pharmaceutique : comment combler le retard français ? », *op. cit.*

modèle traditionnel des grandes entreprises pharmaceutiques est à risque car les payeurs et les professionnels de santé vont de plus en plus exiger des traitements dont l'efficacité sera la plus probable possible et à moindre coût. Les entreprises pharmaceutiques qui réussiront seront celles qui auront enrichi le développement de leurs innovations thérapeutiques par des services et proposé des solutions à plus haute valeur ajoutée au bénéfice des patients ». Le « médicament service[1] » cherche donc à améliorer la prise en charge globale des patients, le bon usage des médicaments, leur observance, et permet des évaluations médico-économiques par la collecte de données en vie réelle (le nombre d'hospitalisations et d'opérations coûteuses évitées, la sortie de patients d'affection longue durée ou encore le retour à l'emploi des patients traités). Un pas a été franchi par la FDA, en 2017, avec la mise sur le marché du premier médicament connecté, l'Abilify MyCite®. Une puce informatique est insérée dans le comprimé, permettant de collecter et de transmettre différentes données – dont celles, en premier lieu, de la prise ou non du médicament lui-même. Afin de développer ces approches servicielles, les laboratoires pharmaceutiques s'allient avec les start-up MedTech, les sociétés de la e-santé qui ne cessent de se développer ces dernières années. En 2015, Novartis s'associait avec Google Life Sciences afin de développer la première lentille mesurant le taux de glucose et d'améliorer ainsi la prise en charge des personnes atteintes de diabète de types 1 et 2. En 2019, Sanofi renforçait ses alliances avec Google et créait un laboratoire « virtuel »

1. Leem, « Santé 2030 : une analyse prospective de l'innovation en santé », 2019, 222 p.

d'innovation pour développer ses futurs médicaments et futurs services. En France, le laboratoire Pfizer et l'Institut du cerveau et de la moelle épinière tissaient un partenariat, en 2018, afin d'offrir à des start-up françaises la possibilité d'élaborer des solutions digitales et de contribuer à une amélioration globale de la prise en charge des patients[1]. En 2016, LEO Pharma créait le LEO Innovation Lab à l'attention des start-up et des acteurs de la e-santé pour améliorer la vie des personnes touchées par le psoriasis.

Dans le contexte de tension posé par la Covid-19, la « Coalition Innovation Santé » a été créée, le 25 mars 2020, réunissant plus de 50 partenaires, afin de répondre aux besoins de prise en charge des malades atteints de pathologies chroniques. L'Assistance publique-Hôpitaux de Paris, BPI France, EIT Health France[2], des entreprises comme Amazon Web Services et des laboratoires pharmaceutiques dont, entre autres, Astellas Pharma, GSK, Eli Lilly, BMS, MSD, Novo Nordisk, Roche et Expanscience ont participé à la démarche[3]. Un appel à projet a permis de sélectionner et de lancer des solutions très concrètes, comme avec l'opérateur Biosency, au travers d'objets connectés, pour monitorer les constantes biologiques des patients à domicile.

Les données de santé représentent le fil conducteur de ces nouvelles approches servicielles. Cependant,

---

1. Institut du cerveau et de la moelle épinière, « Pfizer et l'ICM veulent accélérer le développement de solutions digitales de santé », 2018.

2. EIT Health constitue une des « communautés de la connaissance et de l'innovation », autour du thème santé et vieillissement lancée et financée par l'EIT (Institut européen d'innovation et de technologie) depuis le 1er janvier 2015, EIT Health est un instrument Horizon 2020.

3. Hervé Réquillart, « Coalition Innovation Santé : quand la crise accélère la transformation », *Pharmaceutiques*, 2020.

si leur exploitation se révèle être d'un grand intérêt pour de nombreux acteurs (McKinsey Global Institute estime que l'analyse de *big data* pourrait générer un gain de 100 millions de dollars au sein du système de santé américain), elle soulève de nombreuses questions éthiques, techniques, économiques et, enfin, politiques. Le consentement des « patients-citoyens » à partager leurs données personnelles[1] de santé et la préservation de leur anonymat sont deux questions qui suscitent régulièrement de nombreux débats de société, et ce, malgré le fait que la *blockchain*[2] semble se présenter, désormais, comme un tiers technologique de confiance afin de garantir l'anonymat. Sur le plan technique, les obstacles apparaissent. Après de grands espoirs, les sociétés Verily et Novartis ont annoncé, au bout de quatre ans, l'arrêt des recherches sur les lentilles connectées, les études montrant les difficultés à atteindre les conditions d'équilibre nécessaires pour obtenir des mesures fiables du glucose lacrymal. Dans l'avenir, ces approches servicielles pourraient contribuer à mieux mesurer la performance en vie réelle des médicaments et pourraient faciliter la mise en place de contrats à la performance. Selon Guy Eiferman, « pour que cela puisse réellement être mis en œuvre à grande échelle, les réflexions autour du médicament avec un

1. Le RGPD (Règlement général sur la protection des données), entré en vigueur le 25 mai 2018, définit les données de santé à caractère personnel comme « les données relatives à la santé physique ou mentale, passée, présente ou future, d'une personne physique (y compris la prestation de services de soins de santé) qui révèlent des informations sur l'état de santé de cette personne. »

2. La *blockchain* est une technologie de stockage et de transmission d'informations, transparente, sécurisée, et fonctionnant sans organe central de contrôle (définition de Blockchain France).

compagnon service doivent être menées de manière précoce dans la chaîne de R&D pharmaceutique afin que le laboratoire puisse négocier avec les autorités une offre qui soit complète ».

Aujourd'hui, les approches servicielles permettent aux laboratoires pharmaceutiques d'enrichir leur approche marketing pour promouvoir leurs médicaments, mais aussi d'élargir leur contribution sociétale au-delà du médicament. Ceci est d'autant plus notable en France, où la mise à disposition de ces services se fait, dans une large majorité, sans contrepartie financière. C'est donc un champ qui reste à explorer par l'ensemble des acteurs. L'Assurance maladie reconnaît que « l'arrivée à maturité des plus avancées de ces technologies et le bénéfice d'usage que certaines ont démontré pour les patients et la collectivité imposent de trouver à court terme des solutions permettant de pouvoir offrir au plus grand nombre l'accès à ces outils dans des conditions optimales tant pour les industriels que pour les comptes publics[1] ».

Dans les faits, et à ce stade, malgré l'intérêt certain de l'ensemble de ces approches, qui permettent une forme de partage du risque entre les acteurs, elles ne permettent pas pour autant de répondre aux questions

1. À ce jour, seule une application autonome de télésurveillance pour les patients atteints de cancer du poumon, Moovcare®, a fait l'objet d'un accord entre le fabricant et le Comité économique des produits de santé. Selon l'Assurance maladie, cette web-application, qui permet d'analyser l'évolution des symptômes déclarés par le patient via un auto-questionnaire hebdomadaire apporte un bénéfice clinique démontré pour la survie globale des usagers sans pour autant constituer intrinsèquement une innovation radicale dans le champ de la télésurveillance. Rapport de l'Assurance maladie, « Améliorer la qualité du système de santé et maîtriser les dépenses Propositions de l'Assurance maladie pour 2021 », *op. cit.*

cruciales du niveau du prix du médicament, du pouvoir d'achat des États et, en conséquence, de l'accès.

L'enjeu sociétal de l'accès aux médicaments ne touche donc plus seulement les pays à faible revenu qui sont, quant à eux, confrontés à ce défi depuis toujours. Les stratégies collaboratives développées dans ces pays révèlent qu'il est possible d'appréhender l'innovation thérapeutique et son accès autrement.

Le défi de l'accès aux médicaments dans les pays à faible revenu

– Le succès des coalitions

Le procès de Pretoria a montré l'incapacité du « marché » à pouvoir combler les besoins médicaux non solvables. Pour pallier cette défaillance et répondre aux défis de l'accès aux soins dans les pays à faible revenu, des coalitions public-privé se sont progressivement déployées. Le développement de ces partenariats multipartites est au cœur des lignes directrices de l'ONU. Elles explicitent les besoins sociaux en matière de lutte contre la pauvreté et d'accès aux soins dans ces pays : combattre le sida, le paludisme, la tuberculose et autres pathologies tropicales, réduire la mortalité infantile et améliorer la santé maternelle.

Dès 1999, l'OMS défendait l'idée selon laquelle l'accès aux soins dans le monde exigeait une approche partenariale avec le monde privé à but lucratif, comme l'industrie pharmaceutique. Même si cette prise de position a valu à l'OMS quelques critiques à son début[1] (crainte de liens d'intérêt trop forts avec le secteur

---

1. Kent Buse et Amalia Waxman, « Public-private health partnerships : a strategy for WHO », *Bulletin of the World Health Organization* 79 (8), 2001, pp. 748-754.

privé), des partenariats avec des entreprises du médicament contribuent aujourd'hui à l'accès aux soins dans les pays pauvres du Sud, leur permettant d'honorer leur part du contrat social sur ce sujet très sensible.

Pour faciliter la création de ces partenariats, et dans la continuité de la Déclaration du millénaire de Kofi Annan, Unitaid fut créée en 2006. Grâce aux fonds collectés – l'un des principaux donateurs est la France –, l'organisation négocie des baisses de prix des médicaments en garantissant aux fabricants des volumes élevés et stables pour déployer, à grande échelle, l'accès aux populations. Le docteur Philippe Duneton, directeur exécutif d'Unitaid, témoigne : « Nous investissons dans les dernières phases du développement des produits pour démontrer leur efficacité, leur sécurité et leur évidence afin qu'il y ait une recommandation par l'OMS. C'est ainsi que se créent une demande et un marché pour les industriels. Les laboratoires comprennent de plus en plus l'intérêt qu'ils peuvent avoir à s'engager dans des programmes d'accès dans les pays du Sud. Ils cherchent à ne plus apparaître comme des organisations qui ne seraient motivées que par le profit. [...] c'est une opportunité pour les entreprises de pénétrer des marchés peu rentables qu'elles ne peuvent pas atteindre seules. Elles ont donc tout intérêt à partager les licences d'exploitation de leurs produits. Avec le *Medicines Patent Pool*[1], les originateurs[2] cèdent leurs droits contre des royalties permettant à des génériqueurs

1. Le *Medicines Patent Pool* est une communauté de brevets à laquelle collaborent l'industrie pharmaceutique, des organisations internationales et des groupes de patients. La mise en commun des brevets et leur mise à disposition favorisent la fabrication et la distribution de médicaments génériques, sans attendre l'échéance des brevets.

2. Originateurs, autrement dit les « détenteurs de brevets ».

de fabriquer à bas coût. Pour prendre l'exemple des médicaments du VIH, le dispositif permet de les rendre accessibles à 60 dollars par personne et par an, contre 10 000 à 12 000 dollars par personne dans les pays du Nord. [...] C'est une *win win situation* qui donne aux industriels la garantie de produire des médicaments qui seront utilisés avec un grand impact pour les malades et la santé publique. »

Agir sur les prix est essentiel, cependant, comme le souligne le docteur Philippe Duneton, « l'ambition est avant tout de transformer une situation en ayant un impact de santé publique auprès des communautés et des populations. Dans le cas du sida, Unitaid a contribué au développement des formes 3 en 1, bien plus faciles à utiliser pour les personnes dans les pays du Sud qui, du reste, n'existent pas dans le Nord. Nous nous attelons, avec des partenaires, à rendre plus simple la prise en charge et le diagnostic des pathologies qui peuvent être au départ très complexes pour des personnels de santé peu nombreux. Nous avons ainsi poussé les formes pédiatriques pour le sida, la tuberculose et le paludisme, que ce soient pour les traitements ou la prévention. Unitaid est à l'origine de l'introduction de quasiment 100 % des formes de produits utilisés contre le sida en Afrique ».

Au-delà des enjeux liés au prix, les approches collaboratives permettent de réunir des fonds, des compétences et des expertises pour innover et assurer une délivrance des soins et des produits dans des conditions sanitaires adaptées. C'est dans ce cadre que certaines firmes pharmaceutiques ont choisi de créer des centres de recherche dans les pays pauvres. L'enjeu est de pouvoir adapter la recherche thérapeutique aux spécificités ethniques, culturelles et environnementales, et de répondre, par la même occasion, aux besoins sociétaux des pays en matière de politique de santé publique. C'est par exemple le cas de Roche, Novartis, Eli Lilly et GSK en Asie[1]. Novartis a spécifiquement créé l'institut Novartis pour la recherche biomédicale[2] afin de répondre à ces enjeux. C'est grâce à une collaboration entre cet institut et l'université de Cape Town, en Afrique du Sud, qu'en 2013, un médicament candidat antipaludéen a pu être testé lors de la phase de dépistage jusqu'au développement préclinique[3].

De nombreux programmes collaboratifs ont démontré leur efficacité.

Le programme le plus emblématique et historiquement le plus ancien (1987) est le programme de donation Mectizan®, dans lequel Merck & Co. (MSD, en France) et GSK se sont engagés pour éradiquer l'onchocercose, la « cécité des rivières », l'une des principales causes de cécité évitable au monde. C'est un partenariat mondial complexe entre l'OMS, les organisations gouvernementales et non gouvernementales, les communautés locales, les instituts de recherche, les universités et les laboratoires. À l'heure actuelle, le programme délivre environ 300 millions de traitements annuels. « Au-delà des bienfaits thérapeutiques du traitement, la mise à disposition du Mectizan® a permis à des millions de villageois, principalement en Afrique, de revenir vivre sur les terres

1. Bruno Boidin et Lucie Lesaffre, « L'accès des pays pauvres aux médicaments et la propriété intellectuelle : quel apport des partenariats multiacteurs ? », *Revue internationale de droit économique* 24 (3), 2010, pp. 325-350.

2. Novartis, « Novartis Institutes for BioMedical Research », 2019.

3. Nathalie Gimenes et Marielle A. Payaud, « Un *framework* pour un diagnostic des pratiques RSE dans un secteur d'activité. Cas de 10 entreprises pharmaceutiques mondiales », *Management international* 23 (1), 2018, pp. 12-27.

arables qu'ils avaient quittées de peur de la maladie[1]. » La particularité de cette coalition est sa longévité. 25 ans après, l'OMS souligne le succès du programme avec la quasi-élimination de la maladie dans l'hémisphère Nord.

De son côté, depuis 2003, le groupe Lilly contribue à l'alliance internationale « Halte à la tuberculose ». Ce programme mondial, fondé en 2001, réunit plus de 1 700 partenaires et constitue une force collective qui transforme progressivement la lutte contre la tuberculose dans plus de 100 pays[2]. L'entreprise précise avoir engagé 170 millions de dollars sur la période 2003-2016, dont 20 millions consacrés à la R&D[3]. C'est en 2014 que Johnson & Johnson annonçait que sa filiale Janssen Therapeutics venait de signer un accord pour participer au programme[4]. Selon ce protocole d'accord, Janssen fournit des traitements complets pour une valeur estimée à 30 millions de dollars. Cette collaboration renforce l'engagement du groupe pour assurer durablement la disponibilité de ses médicaments antituberculeux, à des prix bas dans plus de 100 pays à travers le monde.

Pour déployer ce type de projet, il est cependant important que les entreprises soient capables d'en garantir le financement initial, puis d'assumer une politique à but non lucratif ou un retour sur investissement à long terme. C'est pourquoi nombreuses sont celles qui créent des fondations ou qui s'associent, comme

---

1. Merck & Co, « Global Corporate Responsibility Report », Merck, 2013.
2. Stop TB Partnership, « About Us », stoptb.org, 2019.
3. Eli Lilly and Company, « Programmes Lilly », 2018.
4. Johnson & Johnson, « Johnson & Johnson Announces Collaboration between Janssen and USAID to Expand Access to Anti-Multidrug-Resistant Tuberculosis (MDR-TB) Compound », 2014.

Pfizer et GSK en créant ViiV Healthcare, entièrement dédiée à la lutte contre le VIH.

Le projet *Arogya Parivar* (« famille en bonne santé » en hindi), lancé en 2007 par Novartis, est intéressant, car il montre en quoi ces programmes peuvent permettre de concilier rentabilité et impact social. Ce projet a pour but d'approvisionner en médicaments de première nécessité les Indiens les plus pauvres de l'Inde rurale, pour quelques roupies seulement. Des partenariats ont également été noués avec des distributeurs locaux, pour assurer la distribution des médicaments (pour onze pathologies différentes) et pour déployer des programmes de formation et de conseil auprès de la population et des professionnels de santé. Novartis, avec son modèle social, misait sur une rentabilité à long terme. Mais finalement, la démarche a été rentabilisée plus vite que prévu, en 31 mois seulement. Sur le terrain, la valeur sociétale est significative. Plus de 42 millions de personnes ont pu bénéficier du programme, dans 33 000 villages indiens, en 2014. C'est un progrès sanitaire significatif qui, selon l'État indien, aurait eu du mal à être atteint sans le soutien de l'entreprise. Après l'Inde, le programme a été lancé au Kenya, sous le nom « Familia Nawari », au Vietnam et en Indonésie.

Ce modèle de *social business*, qui allie profit et impact social, s'inscrit dans les stratégies de RSE qualifié de *bottom of the pyramid* (BoP)[1]. L'ensemble de

---

1. L'expression *bottom of the pyramid* (en français, « la base de la pyramide ») a été popularisée par les travaux des économistes, C. K. Pralahad et Stuart L. Hart qui ont réfléchi, à la fin des années 90, à l'adaptation du modèle capitaliste pour les 4 milliards d'humains qui vivent avec moins de deux dollars par jour. Les initiatives BoP permettent de lutter contre la pauvreté, tout en faisant du profit en vendant des produits et services adaptés aux besoins des populations concernées.

ces programmes BoP permettent aux groupes pharmaceutiques de contribuer à l'ambition de l'ODD 3.3 pour mettre fin aux épidémies de sida, de tuberculose, de paludisme et de maladies tropicales négligées, pour combattre l'hépatite, les maladies transmises par l'eau et autres maladies transmissibles.

Notons enfin que pour contribuer à la réalisation de l'ODD 3.4 : réduire d'un tiers les décès prématurés dus aux maladies non transmissibles (cancers, maladies cardiovasculaires, diabète etc., responsables de 71 % de la mortalité mondiale) d'ici 2030, une vingtaine de laboratoires ont fait le choix de s'associer en créant – en 2017 – la coalition « Access Accelerated ».

Toutes ces coalitions public-privé renforcent la capacité des systèmes de santé locaux à fournir des soins durables et de haute qualité aux populations.

Le bilan 2018 de l'ONG Access to Medicine informe que « l'industrie pharmaceutique continue de mûrir dans son approche de l'accès aux médicaments avec des modèles de bonnes pratiques[1] ». Le docteur Chan, directeur général de l'OMS de 2007 à 2017, déclarait : « Sous le regard attentif du public, le comportement de l'industrie pharmaceutique s'est progressivement amélioré à certains égards, même s'il reste des progrès à faire. » L'ONG souligne en effet que seules cinq entreprises réalisent 63 % des projets de R&D les plus urgents : GSK, Johnson & Johnson, Merck KGaA, Novartis et Sanofi[2]. Pour Access to Medicine, il est nécessaire d'aller au-delà des 45 projets de R&D prioritaires, et les firmes pharmaceutiques sont encouragées à s'engager davantage dans

1. Access to Medicine, « First Independent Ten-Year Analysis : Are pharmaceutical companies making progress when it comes to global health? », accesstomedicinefoundation.org, 2019, p. 49.

2. *Ibid.*

ce type de recherche. Par ailleurs, la globalisation des enjeux complique la mise en place de ce type de modèle d'affaires « hybride ». La polémique de 2016 soulevée par Médecins sans frontières sur l'accès au vaccin de GSK et de Pfizer contre la pneumonie le montre. La pétition « *A Fair Shot* » demandait aux laboratoires de pratiquer le même prix pour tous les pays en développement et pour toutes les organisations humanitaires.

Plus largement, Access to Medicine attend des laboratoires qu'ils se préoccupent davantage des populations les plus vulnérables dans le cadre de leurs activités d'enregistrement, de tarification et d'homologation des médicaments. L'OMS alerte sur l'envol des prix des anticancéreux, qui impacte leur accessibilité dans les pays aux revenus les plus bas : seuls 32 % des anticancéreux essentiels y sont disponibles…

Ces logiques collaboratives déployées dans les pays à faible revenu ont donc pour vertu de replacer la santé en tant que bien commun au centre des décisions et démontrent qu'il est possible de construire, sur le terrain, des modèles économiques efficaces, plus coopératifs et mieux redistributifs. Les coalitions prouvent qu'il est possible de concilier « marché » et « santé publique ». Au-delà, elles structurent des démarches qualité et sont un rempart au développement du marché de la contrefaçon.

– La lutte contre la contrefaçon

Comme le précisait, dès 2006, Jean-Yves Videau[1], pharmacien expert en qualité des médicaments, « essayer de toujours obtenir des médicaments moins chers sans

1. Jean-Yves Videau, « Médicaments, coût et qualité », *ReMed* (36), 2007, p. 3-5.

pour autant mettre en place des systèmes rigoureux d'assurance qualité entraîne de plus en plus un nivellement de la qualité par le bas ». Il dénonçait la production sans contrôle de médicaments génériques comme ceux de la pénicilline et de ses dérivés. Ces mécanismes ont été facilités par un manque de moyens des institutions locales dans certains pays pour évaluer la qualité des médicaments. Ce manque de réglementation et de contrôle a favorisé les activités de laboratoires spécialisés dans la fabrication de génériques et de médicaments essentiellement destinés à l'exportation. Une simple formalité leur permettait d'accéder au marché[1] ! En cela, et au-delà du manque de réglementation, il est connu que certains pays du Sud peuvent avoir des pratiques qui n'honorent pas les principes du contrat social qui les lient aux entreprises pharmaceutiques. D'un côté, ces pays acceptent les programmes BoP de mise à disposition de médicaments gratuits ou à prix réduit et, en même temps, ils en autorisent les copies afin de favoriser le développement de leur industrie générique locale. Ces comportements sont une source de tension entre les acteurs, et le secteur pharmaceutique dénonce régulièrement ces pratiques. L'Organisation mondiale du commerce suit et réglemente ces dérapages, car le contrat social se doit d'être respecté par l'ensemble des partenaires.

S'ajoute à ces phénomènes la libre circulation des matières premières, qui complique la traçabilité nécessaire à l'assurance qualité des médicaments. L'ensemble de ces manquements a conduit à la mise à disposition

1. Bruno Boidin et Lucie Lesaffre, « L'accès des pays pauvres aux médicaments et la propriété intellectuelle : quel apport des partenariats multiacteurs ? », *op. cit.*

de médicaments de mauvaise qualité et a contribué au développement du marché des contrefaçons et des importations illicites. Selon l'OMS, 1 médicament sur 10 vendu dans le monde est contrefait. L'Office des Nations unies contre la drogue et le crime précise que 60 % de la contrefaçon prend sa source en Chine, suivie de l'Inde, du Paraguay et du Pakistan.

Les conséquences sanitaires sont très lourdes, comme dans cet exemple où l'incorporation frauduleuse ou erronée de diéthylène-glycol dans des préparations à base de paracétamol a entraîné la mort de 86 enfants en Haïti[1]. En 2009, une étude estimait que « les faux médicaments concernant le paludisme et la tuberculose seraient présents dans 90 pays et tueraient 700 000 personnes par an, les zones les plus touchées étant l'Afrique, l'Asie et l'Amérique latine[2] ». Une étude menée par l'université d'Édimbourg estime entre « 72 000 et 169 000 le nombre d'enfants qui décèdent, probablement chaque année, d'une pneumonie traitée avec des antibiotiques de qualité inférieure ou falsifiés[3] ». Et selon la London School of Hygiene and Tropical Medicine, ce sont près de 116 000 décès supplémentaires qui pourraient être « imputables chaque année à des médicaments antipaludiques de qualité inférieure ou falsifiés en Afrique subsaharienne[4] ».

En 2008, les États-Unis et l'Allemagne sont également touchés : 81 décès et de nombreux cas de réactions

---

1. Serge Barbereau, « La contrefaçon des médicaments : un phénomène en pleine expansion », *Médecine tropicale* (66), 2006, pp. 529-532.

2. Eric Przyswa, « Contrefaçon de médicaments et organisations criminelles », hal-00872275, 2013.

3. OMS, « Dans les pays en développement, 1 médicament sur 10 est de qualité inférieure ou falsifié », communiqué de presse, 2017.

4. *Ibid.*

allergiques sévères étaient attribués à des héparines volontairement contaminées par un composé beaucoup moins onéreux et fourni par plusieurs sociétés chimiques chinoises[1] !

En 2017, la douane française a saisi plus de 3,1 millions de produits de santé contrefaits : des stupéfiants, des dopants ou encore des psychotropes sans AMM[2]. 75 % des contrefaçons sont interceptées à la suite de commandes réalisées sur Internet alors qu'en France cette activité est très réglementée depuis le 2 janvier 2013. Seuls des médicaments sans ordonnance peuvent être vendus en ligne, par des établissements autorisés à le faire, établissements qu'il est facile d'identifier grâce à une liste rendue publique sur le site du ministère des Solidarités et de la Santé. Selon l'Alliance européenne pour un accès à des médicaments sûrs[3], 62 % des médicaments achetés en ligne sont des contrefaçons. Plus de la moitié achetés sur des sites qui masquent leur adresse sont susceptibles d'être l'œuvre de sociétés faussaires. C'est le continent africain qui subit le plus ce marché frauduleux, représentant 42 % des cas décelés par les douanes sur le plan mondial.

À ce jour, les enjeux de la qualité des médicaments, de leur contrefaçon et de leur importation illicite sont

1. Claude Monneret, « Les héparines contaminées », *Annales pharmaceutiques françaises* 66 (4), 2008, pp. 212-215.

2. Douane française, « Saisie de 10 000 médicaments de contrefaçon », 2018.

3. L'Alliance européenne pour l'accès à des médicaments sûrs (European Alliance for Access to Safe Medicines ou EAASM) est un partenariat indépendant réunissant différents acteurs du secteur et de l'industrie de la santé en lutte pour la sécurité des patients.

plus que jamais au cœur des préoccupations de l'OMS, des pouvoirs publics, mais également de l'industrie pharmaceutique. D'après un rapport de l'Office de l'Union européenne pour la propriété intellectuelle, l'industrie pharmaceutique perd environ 10 milliards de recettes annuelles du fait de la présence de médicaments contrefaits sur le marché européen, ce qui correspond à 4,4 % des ventes du secteur[1].

Mais au-delà des pertes financières, la contrefaçon réduit les efforts de santé publique entrepris par tous les acteurs. Pour lutter contre ce fléau, les démarches sont collectives. C'est ainsi qu'avec le soutien de 103 pays, dont la France, Interpol, l'Organisation mondiale des douanes, le Permanent Forum on International Pharmaceutical Crime, le Head of Medicine Agencies' Working Group of Enforcement Officers, les industriels du médicament se sont coordonnés, en 2016, pour mener la plus grande opération internationale destinée à la lutte contre les pharmacies illicites en ligne. Cette opération, dont le nom de code était « PANGEA IX », a donné lieu à de nombreuses arrestations et à la saisie de plus de 12,2 millions de faux médicaments, pour une valeur estimée à 53 milliards de dollars ! 4 932 sites Internet ont été fermés, dont 55 en France[2].

En France, les démarches collectives sont orchestrées par le Leem. Après s'être doté d'un comité anti-contrefaçon et d'une charte signée avec des acteurs du e-commerce, le Leem développe une approche partenariale pour trouver des solutions très opérationnelles

1. Nathan Wajsman *et al.*, « Le coût économique des atteintes aux droits de propriété intellectuelle dans l'industrie pharmaceutique », EUIPO, 2016, 36 p.

2. Douane française, « Opération PANGEA IX contre la vente illicite de médicaments sur Internet », 2016.

avec les douanes[1]. Les entreprises pharmaceutiques sont également actives individuellement. Par exemple, en 2008, Sanofi a créé un laboratoire central d'analyse des contrefaçons à Tours afin de détecter les produits de la firme qui pourraient être contrefaits. Une action socialement responsable qui donne des résultats : le laboratoire précise avoir analysé plus de 35 000 produits (en majorité des produits vétérinaires et des vaccins) et contribué à accroître la saisie de produits illicites de 6 à 16 %[2]. Le laboratoire Pfizer, quant à lui, très touché par la contrefaçon du Viagra, a investi dans des étiquettes électroniques pour tracer chaque flacon depuis sa sortie d'usine jusque chez le pharmacien[3].

Le défi de la continuité des traitements

Alors que la Chine et l'Inde sont les deux premiers pays producteurs de médicaments contrefaits, ils sont également ceux qui rassemblent 60 à 80 % de la production licite des matières premières à usage pharmaceutique. Cette délocalisation de la production de l'Europe et des États-Unis vers l'Extrême-Orient explique en grande partie l'augmentation croissante des ruptures de stock des médicaments dans le monde.

En France, l'Agence nationale de sécurité du médicament et des produits de santé décompte, en 2019, 1 504 signalements de tensions et de ruptures d'approvisionnement. C'est 20 fois plus qu'en 2008, et le phénomène touche de plus en plus de médicaments :

1. Leem, « Contrefaçon de médicaments, une atteinte à la santé publique », 2017, 29 p.

2. Sanofi, « Lutte contre la contrefaçon de médicaments », dossier de presse, 2017, 28 p.

3. Leem, « Contrefaçon de médicaments, une atteinte à la santé publique », *op. cit.*

plus de 1 200 sont concernés par les ruptures sur l'ensemble de l'année 2019. Les conséquences sanitaires peuvent être très lourdes, notamment quand les ruptures concernent des MITM (médicaments d'intérêt thérapeutique majeur)[1]. En septembre 2019, cet enjeu sanitaire a conduit le Premier ministre, Édouard Philippe, à durcir le ton avec les industriels, en leur imposant l'obligation de constituer des stocks de sécurité de deux à trois mois pour les MITM. En cas de rupture, les laboratoires pourraient même être sanctionnés : une sanction financière pourrait être appliquée pour « chaque jour de rupture pouvant aller jusqu'à un maximum de 30 % du chiffre d'affaires journalier réalisé en France, dans la limite de 10 % du chiffre d'affaires annuel ou 1 million d'euros ».

Cette prise de position du gouvernement s'explique par l'ampleur du phénomène, qui ne cesse de grandir malgré un renforcement de la législation depuis le décret n° 2012-1096. Pour prévenir et gérer au mieux les pénuries de médicaments, le décret a conduit à ce que les laboratoires pharmaceutiques mettent à disposition des pharmaciens d'officine, hospitaliers et grossistes-répartiteurs un centre d'appel et de dépannage d'urgence. Le conseil national de l'ordre des pharmaciens a optimisé cette opération grâce à un outil informatique, le « DP-Ruptures ». Les industriels se sont engagés à effectuer des contrôles réguliers de leurs stocks et à prévenir les professionnels de santé afin d'éviter la prescription de traitements qui ne

1. Les MITM sont définis par l'article L. 5121-31 du Code de la santé publique comme « des médicaments dont l'indisponibilité transitoire, totale ou partielle est susceptible d'entraîner un problème de santé publique (mise en jeu du pronostic vital, perte de chance importante pour les patients) ».

pourraient être délivrés[1]. Concernant spécifiquement les MITM, les industriels ont l'obligation, depuis le décret n° 2016-993, d'en assurer un approvisionnement approprié et continu grâce au suivi d'un plan de gestion spécifique. Malgré ces mesures, force est de constater que les ruptures ne cessent d'augmenter…

Selon le rapport d'information n° 737 du Sénat, « la gestion des pénuries déstabilise l'organisation des soins et génère des coûts humains et financiers élevés[2] ». Le rapport précise que l'Assistance publique-Hôpitaux de Paris y consacre 16 équivalents temps plein chaque semaine. Il souligne également que « l'indisponibilité récurrente de certains médicaments conduit à des pertes de chance inacceptables pour les patients ». Il pointe du doigt l'impossibilité pour la réglementation française d'agir plus en amont sur la chaîne de production pharmaceutique – cette dernière, délocalisée en grande partie en Asie et en Inde, se retrouvant sous le contrôle de donneurs d'ordres non européens.

En pratique, les délocalisations demandent aux autorités européennes un renforcement des contrôles qualité et des normes environnementales. Le moindre défaut repéré conduit à la suspension des certificats de conformité à la pharmacopée européenne, stoppant ainsi la chaîne d'approvisionnement des médicaments. De plus, la fabrication de nouveaux médicaments demande une technologie spécifique et peut se réaliser dans un seul site spécialisé. Dans ce contexte de dépendance, la moindre défaillance technique ou réglementaire impacte

1. Leem, « Pénurie de médicaments : le plan d'actions du Leem », *Atelier presse*, 19 février 2019, 23 p.

2. Jean-Pierre Decool, « Pénuries de médicaments et de vaccins : renforcer l'éthique de santé publique dans la chaîne du médicament », senat.fr, 2018.

directement la production. Au bout du bout, c'est un médicament qui ne peut être délivré au patient en temps et en heure.

La chaîne de production pharmaceutique s'est donc progressivement complexifiée entre externalisation, hyperspécialisation, délocalisation et sous-traitance de la production d'intermédiaires de synthèse. Elle est de plus en plus fragmentée, impactant directement les capacités de production et pose la question cruciale de la traçabilité d'un produit. Maîtriser toutes les étapes est un défi énorme ! D'autant plus dans un contexte de demande mondiale de plus en plus croissante...

Selon les industriels, l'augmentation des coûts de la R&D, de la production et du poids croissant de la réglementation, cumulée à la nécessité de réduire les prix des médicaments, explique la tendance croissante à réduire les coûts de fabrication par la délocalisation des sites de production des matières premières à usage pharmaceutique. L'externalisation et la délocalisation de la production se sont particulièrement accélérées à partir des années 1980. Le principe actif du paracétamol, par exemple, est exclusivement produit en Inde et en Chine, depuis plus de quinze ans. L'usine Rhodia à Roussillon (Isère) fut « le dernier site européen à fabriquer la substance active du paracétamol à raison de 8 000 tonnes par an[1] ». En 2008, un kilo de paracétamol chinois était vendu deux à trois euros, contre quatre euros, en moyenne, par Rhodia. Dans les années 1980, 20 % des substances actives étaient produites en Asie, aujourd'hui, c'est près de 80 % !

1. Marie-Béatrice Baudet, « Coronavirus : pourquoi la France a tant de mal à se fournir en médicaments », *op. cit.*

Des choix stratégiques difficiles à assumer de nos jours pour les entreprises pharmaceutiques œuvrant sur le territoire français, car c'est leur moralité qui est remise en cause. Il suffit de lire l'édito économique du 9 juillet 2019 de Dominique Seux, sur France Inter, pour s'en rendre compte : « Les laboratoires cherchent la rentabilité (c'est logique) mais plus encore que dans d'autres secteurs (ce qui choque). » Le jugement porté sur le secteur est sévère, ce qui justifie les positions fortes du gouvernement sur le sujet. Ces ruptures de stock mettent sur le devant de la scène la responsabilité sociale des laboratoires pharmaceutiques dans l'accès aux traitements pour tous et la continuité des soins. Comment, dès lors, honorer cette partie si importante du contrat social qui les lie à la société ? Et assurer, en temps et en heure, la délivrance des traitements aux patients qui en ont besoin ?

Dans une question écrite (n° 07501) publiée dans le *Journal officiel* du Sénat en novembre 2018, Jean-Noël Guérini, président du conseil général des Bouches-du-Rhône, plaidait pour l'usage des licences d'office pour « s'affranchir des règles du commerce international et produire des médicaments, encore sous brevet, lorsque ceux-ci sont mis à la disposition du public en quantité ou qualité insuffisantes ». Le Leem a suggéré, de son côté, la mise en œuvre d'un plan d'actions, en février 2019[1]. L'une d'entre elles serait de créer une nouvelle catégorie de médicaments, dits « médicaments d'intérêt sanitaire et stratégique (MISS) », pour lesquels des obligations de sécurisation seraient renforcées. Le Leem explique que la définition large des

1. Pour plus de détails sur le plan d'action proposé par le Leem : lire la synthèse de l'atelier de presse de février 2019.

MITM fait que ce sont près de la moitié des médicaments qui sont concernés. Les MISS pourraient être définis comme « les médicaments pour lesquels une rupture entraîne un risque vital et immédiat pour les patients souffrant d'une pathologie grave, en l'absence d'alternative thérapeutique recommandée par les autorités dans cette indication ». Deux actions complètent cette suggestion : favoriser la localisation en Europe des sites de production de ces MISS et des matières premières actives, tout en cherchant à harmoniser les pratiques réglementaires en Europe. Le comité de pilotage créé par Agnès Buzin pour engager l'ensemble des acteurs sur la problématique des pénuries a pour objectif d'aborder ces solutions. La feuille de route ministérielle prône également davantage de coopération européenne : plus de partage d'informations et la possibilité de faire des achats groupés de certaines molécules.

Force est de constater que, malgré les efforts menés et les propositions faites, le contrat social sur ce sujet n'est, à ce jour, pas honoré. Le Leem a présenté le 27 janvier 2021 un nouvel outil, une plateforme baptisée « TracStocks », destinée à « faciliter et sécuriser la déclaration des données de stocks en tension » afin de « mieux anticiper » les ruptures de certains médicaments. La relocalisation de la production de matières premières actives ou encore la constitution de stocks de sécurité de certains médicaments jugés vitaux apparaissent cependant comme des solutions plus durables. La crise de la Covid-19 confirme – si cela était nécessaire – ce besoin. Ce sont des solutions éminemment stratégiques et politiques qui ont un coût. Quelles mesures fiscales et économiques seraient prêts à prendre les gouvernements européens, et en particulier français, pour encourager la production pharmaceutique sur leur territoire ? Quelles stratégies socialement responsables seraient prêtes à mettre en œuvre les entreprises du médicament pour contribuer à cet enjeu sociétal majeur ? Seraient-elles prêtes à mutualiser leurs efforts ? Les négociations consolidées entre le Comité économique des produits de santé et le Leem dans l'accord-cadre[1] signé le 5 mars 2021 nous donnent quelques éléments de réponses : les laboratoires pourront bénéficier d'un prix facial européen élevé concernant les nouveaux médicaments (d'ASMR 1 à 3) dans le cas où les principales étapes de fabrication (principe actif, produit fini, conditionnement) sont réalisées en France. C'est la première fois que des mesures d'attractivité qui encouragent les investissements en production industrielle sont négociées dans un accord-cadre. Il est cependant dommage que cette incitation soit reliée à l'obtention d'un prix facial élevé. Cette mesure alimente les mécanismes du « double prix » et de concurrence entre les pays de l'UE qui, comme nous l'avons vu, participent à l'escalade des prix et polluent une gestion transparente de la dépense du médicament.

Aborder la question de la relocalisation de la production en coopération avec les pays de l'UE apparaît comme une solution souhaitable et durable. Nous y reviendrons dans le prochain chapitre.

1. CEPS-Leem, « Régulation économique du médicament : le Leem et le Comité économique des produits de santé signent un nouvel accord-cadre pour trois ans (2021-2024) », communiqué de presse, 5 mars 2021.

S'impliquer dans la protection de l'environnement

Depuis la signature du protocole de Kyoto, en 1997, et des accords de Paris, en 2016, le changement climatique est devenu la première préoccupation mondiale et un risque majeur à gérer pour l'ensemble des entreprises, puisqu'il est maintenant admis que ce sont leurs activités qui en sont les premières causes[1]. Les laboratoires pharmaceutiques ont donc comme nécessité de participer à ce mouvement collectif en réduisant leurs émissions de gaz à effet de serre et en diminuant les effets écologiques potentiels liés à la vente de médicaments. Plus spécifiquement, ils sont confrontés aux défis de la santé environnementale : selon l'OMS, environ un quart du fardeau des maladies (un tiers chez l'enfant) est lié à des facteurs environnementaux modifiables. Le changement climatique serait responsable d'au moins 150 000 décès par an, et plus de 7 millions de personnes décèderaient chaque année du fait de l'exposition à la pollution de l'air[2] dont les deux tiers sont dus à la combustion des carburants fossiles à l'origine des changements climatiques.

« L'humanité et la planète entretiennent une relation intime et délicate. Tous les efforts déployés pour rendre notre monde plus sûr sont voués à l'échec s'ils ne portent pas sur l'interface cruciale entre l'être humain et les agents pathogènes et sur la menace existentielle

1. Franck Aggeri et Mélodie Cartel, « Le changement climatique et les entreprises : enjeux, espaces d'action, régulations internationales », *Entreprises et histoire* 1 (86), 2017, pp. 6 à 20.

2. OMS, « Neuf personnes sur 10 respirent un air pollué dans le monde », 2018.

des changements climatiques, qui rendent notre planète moins habitable », rappelait le docteur Tedros Adhanom Ghebreyesus, directeur général de l'OMS, en pleine crise de la Covid-19. Béatrice Parance, professeure de droit à l'université de Paris VIII et directrice du Centre de recherche en droit privé et droit de la santé, souligne « les faiblesses du droit pour appréhender les incertitudes scientifiques soulevées, et pour offrir des réponses réglementaires globales aux problématiques de santé environnementale ».

L'écologie de la santé est un champ de recherche complexe qui s'inscrit plus largement dans l'initiative One Health, « une seule santé », un mouvement qui promeut, depuis une vingtaine d'années maintenant, une approche intégrée et unifiée de la santé publique, animale et environnementale aux échelles locale, nationale et planétaire. De nombreux programmes de recherche sont engagés dans le cadre de la stratégie européenne Green Deal, un « pacte vert[1] » qui inclut en autres les questions sensibles des pollutions et de la préservation de la biodiversité. Cette dernière concerne particulièrement l'industrie pharmaceutique, puisqu'une majorité des médicaments utilisés actuellement sont d'origine naturelle, ou synthétisés à partir d'une molécule-base issue de la flore ou de la faune. Si bioMérieux a annoncé abandonner les produits biocides et rechercher des produits de substitution respectueux de la biodiversité, le secteur apparaît cependant peu impliqué sur cet enjeu. Il détient pourtant les capacités scientifiques pour participer à la construction d'une expertise collective sur ce sujet.

1. Un Pacte vert pour l'Europe.

Des avancées à consolider sur les impacts environnementaux

À l'occasion de la COP21, les entreprises du médicament en France, au travers de leur syndicat, ont réaffirmé leur volonté de mener le combat contre le réchauffement climatique en réduisant leurs émissions de gaz à effet de serre, en menant leur transition énergétique et en cherchant à préserver les ressources naturelles. Sur la scène internationale, les multinationales semblent actives. Certaines firmes comme Novo Nordisk, Pfizer, Takeda, Allergan ou Bayer ont signé la déclaration « *Caring for Climate* » et ont annoncé lutter contre le changement climatique. Sanofi annonce un objectif de neutralité carbone d'ici à 2050, Novartis, d'ici à 2030, et AstraZeneca, une réduction de l'intensité de l'ensemble de sa chaîne carbone de 30 % à l'horizon 2025.

Une étude récente[1], menée par des chercheurs canadiens, Lotfi Belkhir et Ahmed Elmeligi, montre, sur la base des déclarations extrafinancières des laboratoires pharmaceutiques, que, pour se conformer aux limites fixées par l'accord de Paris (+1,5 °C par rapport au niveau préindustriel), il faudrait que les acteurs du secteur baissent leurs émissions de 59 % d'ici 2025. Les chercheurs expliquent que l'industrie pharmaceutique mondiale serait plus polluante de 13 % que le secteur automobile : elle produirait 52 millions de tonnes de CO_2 par an, soit l'équivalent d'un pays comme la Suisse ou le Danemark, comparé à 46,4 millions pour

1. Lotfi Belkhir et Ahmed Elmeligi, « Carbon footprint of the global pharmaceutical industry and relative impact of its major players », *Journal of Cleaner Production* vol. 214, 2019, pp. 185-194.

l'automobile. Il y a cependant de grandes disparités entre firmes. Amgen, Johnson & Johnson et Roche rempliraient déjà leurs objectifs d'émissions carbone pour 2025, tandis que d'autres seraient en retard. Il est difficile de savoir pourquoi les entreprises pharmaceutiques apparaissent aussi polluantes, les industriels donnant peu de détails dans leur rapport annuel environnemental. Cependant, ce qui est le plus étonnant, c'est le nombre d'entreprises qui ne publient pas de données. Selon l'étude, sur 200 entreprises du marché pharmaceutique mondial, seules 25 ont régulièrement déclaré leurs émissions directes et indirectes de gaz à effet de serre au cours des cinq dernières années, et 15, seulement, ont déclaré leurs émissions depuis 2012. Thomas Borel, directeur scientifique et RSE au Leem, reconnaît que « malgré de nombreuses initiatives de RSE engagées, les entreprises du médicament ont encore un chemin, disons, assez long à parcourir sur certains grands enjeux, tel que celui de l'environnement sur lequel peu de choses sont faites alors que le bilan carbone global du secteur doit être amélioré. Sur ce point, il est parfois complexe d'agir pour les entreprises en France car ce sont des décisions qui sont prises à l'international et les types de gouvernance nationale laissent finalement peu de place à ce type d'initiatives ».

Concernant la réduction des déchets, l'écoconception des produits et des emballages au travers de l'analyse du cycle de vie[1] est utilisée par certains laboratoires. Le « CentreOne » de Pfizer, sa division spécialisée dans la production de stéroïdes et d'hormones, a lancé, en 2018,

1. L'analyse du cycle de vie (AVC) est une méthode qui quantifie les impacts écologiques d'un produit sur l'ensemble de son cycle de vie au travers de plusieurs indicateurs environnementaux. Pour aller plus loin, consulter le site de l'Adelphe.

sa première substance active produite dans le cadre de son programme de chimie verte. Son procédé de fabrication, fruit de douze ans de travail, affiche une empreinte carbone réduite de 70 % et évite le recours à des catalyseurs métalliques. Sur ce point, le recyclage de certaines matières premières naturelles comme l'oxyde de fer, l'iode et un métal aussi précieux et rare que le palladium est aujourd'hui possible. Ces minéraux et métaux, qui sont beaucoup utilisés par l'industrie pharmaceutique, peuvent être récupérés dans les déchets, puis recyclés afin d'être de nouveau utilisés par les industriels : un cycle vertueux et durable pour préserver les ressources naturelles.

De son côté, Pierre Fabre, après huit ans de recherche, a breveté une technologie d'extraction écoresponsable, « Green Native Expression », sans eau ni solvant, qui permet d'extraire la sève pure des plantes afin de l'intégrer sous forme d'actif dans des produits cosmétiques ou nutraceutiques. De son côté, le laboratoire Ipsen a travaillé sur la diminution du grammage d'aluminium d'une gamme de sachets de médicament et sur l'optimisation du grammage des étuis en carton. C'est en 2012 que Sanofi s'engage, sur l'ensemble de ses 18 sites industriels français, dans l'écoconception de ses blisters, dont le recyclage est, à ce jour, toujours impossible à cause de leur composition complexe faite d'aluminium et de plastique, majoritairement du PVC (polychlorure de vinyle). Sur les 71 000 tonnes d'emballages de médicaments générés par an, les blisters représentent 40 % (données de 2017). Un groupe de travail lancé en 2019 par l'éco-organisme Adelphe, sur le « blister plastique/aluminium », étudie le remplacement du PVC par une autre résine plastique. Ce sont des enjeux majeurs pour les industriels afin d'anticiper l'émergence de normes, sachant que la modification d'un emballage implique une nouvelle autorisation de mise sur le marché.

S'agissant de l'impact des substances pharmaceutiques sur l'environnement, de nouvelles technologies permettent aujourd'hui d'en détecter la présence, même à très faible concentration, notamment dans les milieux aquatiques. Si seulement 1 à 5 % des produits sont rejetés pendant le processus de production[1], certaines substances éliminées par les urines et fèces ne sont pas entièrement traitées par les stations d'épuration et atteignent, dans des quantités infimes, le milieu naturel. Représentent-elles un risque pour les animaux, la flore, les humains ? La communauté scientifique s'attèle à mettre en place de nombreux travaux pour apporter des éléments de réponse tangibles. L'OCDE rapporte que des scientifiques ont retrouvé des antibiotiques dans 65 % des 711 fleuves testés dans 72 pays. Ce qui exacerberait la résistance aux antibiotiques, sachant que l'antibiorésistance se présente comme une crise qui devrait causer plus de décès dans le monde que le cancer d'ici à 2050.

Une évaluation de l'impact environnemental est aujourd'hui exigée dans les dossiers d'AMM, en Europe. Il s'agit d'estimer la concentration environnementale moyenne de principes actifs sur un territoire. Cette estimation reste cependant parcellaire, car elle ne peut pas tenir compte des spécificités locales, comme l'efficacité des stations d'épuration. À l'échelle européenne, un partenariat public-privé, l'« Intelligence-led Assessment of Pharmaceuticals in

1. Gordon McKay, « Pharmaceuticals residues in the environment », *International Pharmacy Journal* 1 (2), 1987, pp. 60-64.

the Environment[1] », a pour ambition d'identifier et de tester les effets écologiques potentiels de substances pharmaceutiques existantes ou nouvelles sur l'environnement. Les industriels cherchent donc à être de plus en plus transparents sur les résultats des analyses du risque environnemental qui accompagnent les mises sur le marché et publient ces informations en ligne sur le site www.fass.se.

Selon l'OCDE, des médicaments non utilisés, jetés de manière inappropriée, se retrouvent dans les égouts et des décharges, polluant les sols et les eaux. C'est pourquoi, avec 3 000 médicaments à usage humain et 300 médicaments à usage vétérinaire utilisés sur le territoire français[2], les dispositions pour réduire les résidus de médicaments dans l'environnement visent, en premier lieu, à en réduire l'usage et les rejets[3].

Contrôler le gaspillage des médicaments et leur rejet

Sur le sujet des médicaments non utilisés (MNU), les entreprises du médicament sont soumises au principe du pollueur-payeur : elles ont l'obligation de prendre en charge la gestion des déchets générés par les produits qu'elles mettent sur le marché. Pour y répondre,

1. Partenariat qui réunit l'AESGP (Association of the European Self-Care Industry), la Fédération européenne des associations et industries pharmaceutiques, l'Association européenne des médicaments génériques et biosimilaires, l'Initiative européenne sur les médicaments innovants (IMI) et des universités.

2. Ministère de l'Écologie, du Développement durable et de l'Énergie et ministère des Affaires sociales, de la Santé et des Droits des femmes, « Bilan du plan national sur les résidus de médicaments dans les eaux, 2011-2015 », Paris, 2015, 11 p.

3. *Ibid.*

elles collaborent avec plusieurs éco-organismes agréés par l'État, parmi lesquels Cyclamed, en charge de la récupération et de la valorisation des MNU ; DASTRI, en charge des déchets d'activités de soins à risque infectieux ; Adelphe, en charge du dispositif national de tri et de recyclage des emballages et, enfin, Ecofolio, en charge du recyclage des papiers. Cyclamed est entièrement financé par les entreprises du médicament depuis son origine. Le secteur y consacre 15 millions d'euros par an et par Français. En 2019, 10 675 tonnes de MNU ont été collectées et valorisées à des fins énergétiques dans les 52 unités de valorisation sur le territoire. Elles permettent d'éclairer et de chauffer l'équivalent de 7 000 logements. Cette valorisation exige la participation active des patients. Afin de les accompagner, le Leem, Cyclamed et Adelphe ont développé une signalétique spécifique, « Info-tri médicaments », apposée directement sur les emballages. En 2015, 160 millions d'emballages la présentaient.

78 % des Français déclarent déposer leurs MNU en pharmacie. Un gaspillage qui s'élèverait à 1,5 kilo par an et par citoyen, selon l'Institut international de recherche anti-contrefaçon ! C'est pourquoi la dispensation à l'unité a souvent été évoquée comme une solution pour diminuer le gaspillage et l'empreinte environnementale du médicament. Au-delà, elle réduirait les risques des accidents domestiques en lien avec l'automédication, car 80 % des cas d'intoxication domestique chez les enfants de moins de 5 ans seraient directement causés par les médicaments. La vente « en vrac » de ces derniers est déjà adoptée aux États-Unis, aux Royaume-Uni et au Canada. En 2014, une centaine de pharmacies françaises ont testé

le dispositif sur 14 antibiotiques, mais l'expérience, non concluante, n'a duré qu'une année. Les laboratoires pharmaceutiques ne sont pas partisans de la vente à l'unité : ce serait ouvrir, selon eux, la porte à la contrefaçon, et cela créerait de nombreuses difficultés sécuritaires en compliquant la traçabilité des médicaments. Le gaspillage proviendrait, selon eux, « de prescriptions inappropriées et d'une mauvaise observance des patients[1] ». Ils soulignent, par ailleurs, que l'adaptation nécessaire des lignes de conditionnement pour fabriquer des blisters prédécoupés serait « susceptible de générer 30 % de déchets supplémentaires (aluminium et PVC), ce qui est en totale contradiction avec l'objectif de réduction des déchets prôné par la loi antigaspillage ». De son côté, Emmanuel Macron avait fait de la dispensation à l'unité un argument de sa campagne présidentielle, évaluant ce dispositif comme « un impératif sanitaire, une nécessité économique et une évidence environnementale ». Le 30 janvier 2020, le Parlement l'a définitivement adoptée, dans le cadre du projet de loi relatif à la lutte contre le gaspillage et à l'économie circulaire. Une nouvelle version de l'article L. 5123-8 de la loi, comportant les modalités de conditionnement, d'étiquetage, de traçabilité pour les médicaments et d'information de l'assuré, pourrait être adoptée au plus tard le 30 juin 2021. Ce décret fixera, en outre, la date d'entrée en vigueur du dispositif, prévue au plus tard le 1er janvier 2022[2]. Ce der-

1. Leem, « Dispensation des médicaments à l'unité : attention aux fausses bonnes idées ! », communiqué de presse, 2019.

2. Stéphanie Kerbarh et Mathilde Panot, « Rapport d'information sur la mise en application de la loi n° 2020-105 du 10 février 2020 relative à la lutte contre le gaspillage et à l'économie circulaire », n° 3386, Assemblée nationale, 2020.

nier ne devrait concerner, dans un premier temps, que certains antibiotiques. Cette mesure s'inscrit dans la continuité de la dispensation dite « adaptée ». Depuis le 1er juillet 2020, les pharmaciens peuvent, en effet, pour 22 classes thérapeutiques (antalgiques, médicaments des troubles du transit, antiseptiques, désinfectants, etc.), adapter la dispensation afin d'en délivrer la quantité nécessaire au patient. Ils facturent cette intervention pharmaceutique à 0,10 € pour chaque ligne de médicament concernée[1].

Médicaments non utilisés, invendus, périmés, gaspillés, l'industrie pharmaceutique n'échappe pas aux questions plus générales que soulèvent des modèles basés sur une économie de la consommation. Entre « rupture de stock » et « gaspillage », le défi écologique du secteur s'inscrit plus largement dans un besoin de restructuration plus efficiente de la production et de la consommation mondiale des médicaments afin de répondre aux besoins des populations.

Les limites d'une gouvernance néolibérale actionnariale

Le débat récurrent de l'éthique des affaires

En pleine crise de la Covid-19, *Investig'Action* titrait : « Le Big Pharma se prépare à tirer profit du Coronavirus[2] ». L'article s'appuyait sur les calculs d'Axios pour révéler qu'en 2019, l'industrie avait dépensé « 295 millions de dollars en lobbying, bien plus

1. Ameli.fr pour les pharmaciens, « Dispensation adaptée », 2020.
2. Sharon Lerner, « Le Big Pharma se prépare à tirer profit du Coronavirus », *Investig'Action*, 2020.

que n'importe quel autre secteur » (deux fois plus que l'électronique, l'industrie et l'équipement, et plus du double de l'industrie pétrolière). En France, une étude de 2019, menée par des médecins, chercheurs et ingénieurs de l'université de Rennes[1], renforce l'hypothèse selon laquelle l'industrie pharmaceutique influencerait les prescriptions des médecins[2], ce qui est à mettre au regard du versement de primes aux visiteurs médicaux[3] sur des objectifs de vente de médicaments remboursés par la Sécurité sociale. Cette pratique, critiquée depuis de nombreuses années, suscite désormais, au sein même des entreprises pharmaceutiques, de vifs débats. Afin de sortir de ces suspicions, certains laboratoires, tels GSK ou Astellas, ont fait le choix éthique et responsable de les supprimer, les remplaçant par des primes qualitatives.

Le Monde titrait, début 2020 : « Hôpitaux : les CHU ont reçu 170 millions d'euros de laboratoires pharmaceutiques en 2018 ». *Le Parisien* s'est intéressé quant à lui aux sommes perçues par l'Assistance publique-Hôpitaux de Paris (AP-HP) : 36,5 millions d'euros, dont 26,5 millions pour les médecins, rien que sur l'année 2018 ! De leur côté, la revue *Prescrire* et l'association Formindep dénoncent régulièrement les liens d'intérêts financiers existant entre certains

1. L'étude repose sur le croisement de la base Transparence-Santé avec celle du Système national des données de santé qui rassemble des données de santé concernant 99 % des Français.

2. Université de Rennes, « Les généralistes français ne recevant pas d'avantages de l'industrie pharmaceutique sont associés à des prescriptions plus efficaces et moins chères », 2019.

3. Les visiteurs ou délégués médicaux sont en relation directe avec les professionnels de santé. Ils sont responsables de l'information, de la promotion des médicaments et de leur bon usage.

professionnels de santé, qualifiés de *key opinion leaders*, et les entreprises du médicament. Au regard de tous ces éléments, il n'est donc pas surprenant que « la majorité des Français se méfient des scientifiques » ! « Beaucoup leur reprochent de défendre des intérêts privés et considèrent que la science a des effets négatifs sur notre environnement et notre santé », révèle le baromètre 2020 « science et société » de l'institut IPSOS[1]. « L'indépendance des scientifiques est aussi remise en question : seuls 35 % des Français pensent qu'ils ne se laissent pas influencer par des groupes de pression industriels, même si les 2/3 des interviewés leur font confiance pour respecter les règles qui encadrent leurs recherches ».

Il apparaît clairement que l'éthique des affaires des entreprises du médicament et le besoin d'impartialité des experts sont intimement liés. Pour la collectivité, cette impartialité de l'expert est un gage de sécurité sanitaire. La collaboration entre ces acteurs étant essentielle dans toutes les étapes du cycle de vie du médicament, des prises de position en la matière sont plus que nécessaires. Le laboratoire GSK montre l'exemple en décidant de ne plus rémunérer ou dédommager les professionnels de santé dans le cadre de leurs projets. De son côté, l'AP-HP, par l'intermédiaire de son directeur général Martin Hirsch, aime à rappeler les progrès importants qui ont été accomplis ces dernières années dans la prévention des conflits d'intérêt. La mise en place de partenariats institutionnels et de recherche a mis fin aux rétributions directes des praticiens par l'industrie. Le Leem

1. Ipsos et Institut Sapiens, « Baromètre "science et société", vague 1 », 2020.

tente, de son côté, d'apporter des réponses à travers le Codeem, un comité de déontologie composé de professeurs de médecine, d'éthique, de droit, des représentants d'associations de patients et de l'industrie pharmaceutique. La création du Codeem démontre la volonté du secteur pharmaceutique français de se doter d'une gouvernance d'autorégulation en matière d'éthique des affaires.

La relation entre associations de patients et laboratoires est également sensible. Une enquête menée auprès de 1 742 associations et 270 laboratoires pharmaceutiques français, conduite par BVA, à la demande du comité de déontovigilance du Leem[1], montre que pour plus de la moitié des associations, les relations avec les laboratoires s'inscrivent dans un rapport de force, et 51 % vont même jusqu'à parler d'une « instrumentalisation par le laboratoire ». Pourtant, de l'aveu même des associations de patients, ces dons cherchent avant tout à pallier un financement public jugé insuffisant. Les associations peuvent, par ailleurs, difficilement survivre avec les seules cotisations de leurs adhérents. Afin d'éviter toute suspicion, certaines d'entre elles, comme France Psoriasis, ou France Lymphome Espoir, rédigent une charte afin de garantir une collaboration transparente, responsable et éthique avec l'industrie pharmaceutique. Au-delà de la problématique financière, construire de « véritables partenariats », dont la finalité commune serait « réellement » l'amélioration de la situation des patients, reste un défi collectif[2].

1. Yves Médina, « Associations de patients et laboratoires pharmaceutiques », *Bull. Acad. Natle Méd.* 199 (4-5), 2015, pp. 581-587.
2. *Ibid.*

Pour Thomas Borel, directeur scientifique et de la RSE au Leem, « la responsabilité sociale des entreprises du médicament se retrouve au cœur de leurs comportements : respect des droits humains, volonté d'inscrire des partenariats durables avec leurs parties prenantes. Ce sont des atouts des entreprises du médicament qui sont parfois questionnés de façon trop abrupte, en particulier en France. Cet engagement est peu reconnu, et pourtant, l'humain est bien au cœur de la manière dont les entreprises mènent leurs activités. Pour autant, les entreprises du médicament peuvent être questionnées sur le caractère durable de leur responsabilité sociétale, car elles ont un modèle économique particulier qui conduit certes, à faire des investissements importants, mais qui sont financés par le bien public, c'est-à-dire par le financement de chaque citoyen et par les sociétés en général. L'accord entre ce que souhaite payer la société et le modèle économique capitalistique des entreprises du médicament est un équilibre extrêmement fragile, qui doit probablement être rénové dans les années qui viennent. Ce modèle ne correspond plus aux visions sociétales de l'investissement public et de ses contraintes ».

Le débat récurrent de la rémunération des grands patrons

Les critiques autour de gouvernances dites « actionnariales néolibérales », qui orienteraient le profit vers les actionnaires et qui négligeraient, par voie de conséquence, la contribution de l'entreprise à sa mission d'utilité sociétale, n'est pas propre à l'industrie pharmaceutique.

Ce type de gouvernance s'est développé depuis les années 1970 à partir des principes de *corporate governance*[1] qui font prévaloir les intérêts des actionnaires sur le projet de l'entreprise, et par la prise du pouvoir dans l'entreprise d'une « oligarchie financière[2] » comprenant des gestionnaires de fonds, des traders, des « dirigeants directeurs financiers », leur rémunération variable étant, par ailleurs, dépendante des sommes reversées aux marchés financiers. C'est ainsi qu'Albert Bourla et Sally Susman, PDG et vice-présidente de Pfizer, ont pu vendre, respectivement, pour 5,6 millions et 1,8 million de dollars d'actions le jour même où l'action de l'entreprise a grimpé de +7 % à la suite de l'annonce des résultats préliminaires positifs du candidat-vaccin contre la Covid-19. De la même façon, plusieurs responsables de la biotech Moderna ont vendu pour plus d'une centaine de millions de dollars d'actions, après que cette dernière ait bondi de + 250 %, suite à l'annonce en début 2020 par le gouvernement américain de son soutien financier de 2,5 milliards de dollars pour le développement du candidat vaccin de la firme. Le patron de Novavax a quant à lui vendu 4,2 millions de dollars d'actions le 18 août,

1. Le principe de *corporate governance* fut développé dans les années 1970 par certains économistes. Le choc pétrolier de 1971 entraînant une perte de rendement pour les actionnaires, ce sont les compétences managériales des dirigeants qui sont remises en question. C'est ainsi qu'en 1978, l'American Law Institute formule un ensemble de principes qui ont fait prévaloir les objectifs de la société anonyme, autrement dit les intérêts des actionnaires, sur celui du projet de l'entreprise et ont accéléré le passage d'une économie de production à une économie de la finance. Pour aller plus loin dans la compréhension des principes de *corporate governance* et de leur diffusion, voir Blanche Segrestin et Armant Hatchuel, *Refonder l'entreprise*, Éditions du Seuil, 2012.

2. Pierre-Yves Gomez, « La gouvernance actionnariale et financière, une méprise theorique », *Revue française de gestion* 8 (198-199), 2009, pp. 369 à 391.

un peu plus d'un mois après l'annonce d'un financement public de 1,6 milliard. L'action avait grimpé de 3 580 % ! L'organisation de défense des contribuables Accountable US a calculé qu'entre le début de l'opération américaine de coordination du développement des vaccins, le 15 mai, et le 31 août 2020, les dirigeants de cinq compagnies pharmaceutiques avaient encaissé plus de 145 millions de dollars en vendant leurs actions ! En pleine crise sanitaire où les inégalités sociales ne cessent de se creuser, ces pratiques, très fortement contestées, témoignent de la dérive du modèle de gouvernance financiarisé dans lequel l'industrie pharmaceutique est enlisée. Au-delà du niveau des montants, jugé indécent par de nombreuses personnes, il est tout de même stupéfiant que ces rémunérations variables soient reliées à une « possible » efficacité de vaccins qui n'avaient même pas encore obtenu d'autorisation de mise sur le marché ! Y aurait-il eu autant d'indignation si ces rémunérations avaient été accordées aux dirigeants, mais aussi aux équipes de recherche, aux collaborateurs et partenaires associés, en récompense de résultats sociétaux ? S'ils avaient attendu de voir si leur vaccin permettait d'éradiquer la Covid-19 chez, par exemple, 50 % de la population mondiale ? Le fait de relier la rémunération variable à un impact sociétal positif, autrement dit, à des indicateurs de RSE, est fort de sens, mais a toujours fait débat au sein des organisations. À ce jour, si, comme le montre l'index 2018 d'Access to Medicine, la rémunération variable des CEO et des *seniors management* est de plus en plus conditionnée à l'atteinte de résultats sociaux en matière d'accès[1], d'une

1. Access to Medicine, « Access to Medicine Index – Report cards », 2019.

manière générale, trop peu de laboratoires intègrent des critères sociaux et environnementaux à la rémunération variable des dirigeants ; et quand ils le font, les objectifs RSE précis à atteindre pour prétendre à cette rémunération ne sont pas communiqués. C'est pour pallier ce manque de transparence que le comité de rémunération indépendant de Novartis a demandé à la firme de s'engager, pour 2020, à fournir plus d'informations sur le tableau de bord prospectif de la prime annuelle du CEO, en particulier sur les objectifs liés aux indicateurs environnementaux, sociaux et de gouvernance[1].

En France, c'est la rémunération d'Olivier Brandicourt, de Sanofi, qui a suscité le plus de critiques. En 2015, dans un contexte social où la firme annonce la suppression de 600 postes, il perçoit plus de 16,5 millions d'euros (4,4 millions de salaire fixe auquel s'ajoutent 12,7 millions de stock-options et d'actions gratuites). Selon le classement 2019, Paul Hudson, son successeur, reste le deuxième patron le mieux payé du CAC 40 ; une rémunération supérieure à celle de Vasant Narasimhan, le CEO de Novartis, qui perçoit, en 2019, 10,6 millions CHF, soit 9,8 millions d'euros, mais inférieure à celle d'Albert Bourla, de Pfizer, dont la rémunération annuelle totale s'est élevée à près de 18 millions de dollars en 2019 (salaire de base de 1,65 million mensuel depuis avril 2020) – soit environ 181 fois le salaire médian des employés, qui s'élève à 98 972 dollars[2] –, ou de celle d'Alex Gorsky, de Johnson & Johnson, qui, quant à lui, perçoit, en 2019,

1. Novartis, « Annual Review 2019 », 2020.
2. Pfizer, « Proxy Statement for 2020, Annual Meeting of Shareholders », 2020.

25,3 millions de dollars, pour un salaire médian des employés de 76 000 dollars[1].

Cette financiarisation du marché des grands patrons soulève, là aussi, comme dans d'autres industries, de nombreuses indignations[2]. Cette dernière prend une tournure singulière dans l'industrie pharmaceutique, dans un contexte de tension sur le prix des nouveaux médicaments et de leur accès aux patients. Sur ce point, Jayasree K. Iyer, le directeur exécutif de la fondation Access to Medicine, explique que les dirigeants et les investisseurs de l'industrie pharmaceutique n'échangent qu'occasionnellement sur l'accès aux médicaments. Les laboratoires ont, par ailleurs, rarement un comité dédié à l'accès[3]. Jayasree K. Iyer plaide pour qu'un alignement plus large soit fait entre ce qu'il appelle « l'activité principale des entreprises » et « les initiatives d'accès aux médicaments dans les pays les plus défavorisés[4] ». Cette remarque révèle que les industriels appréhendent, d'une manière générale, les programmes BoP dans un esprit « charitable », à côté de leurs business lucratifs dans les pays riches.

1. Johnson & Johnson, « 2020 Notice of Annual Meeting & Proxy Statement », 2020.

2. Les États-Unis sont le pays où les écarts de salaires entre les dirigeants et leurs salariés sont les plus élevés. Les dirigeants des plus grandes entreprises américaines gagnent 265 fois plus que le salaire moyen de leurs salariés. En France, les dirigeants des entreprises du CAC 40 sont rémunérés en moyenne 70 fois plus que le salarié moyen.

3. Access to Medicine, « First Independant Ten-Year Analysis : Are pharmaceutical companies making progress when it comes to global health ? », *op. cit.*

4. Jayasree K. Iyer, « Shifting mindsets to improve access to medicine », Access to Medicine, 2016.

Un modèle à bout de souffle

Avec les médicaments de thérapies innovantes plus personnalisés, pour une population de patients plus ciblée, les industriels sont finalement passés d'un modèle *blockbuster* à un modèle *nichebuster*. Ils s'adressent toujours aux pays les plus riches du Nord, ciblent toujours les pathologies qu'ils estiment être les plus rentables (la cancérologie, les maladies auto-immunes et du système nerveux central), mais alors que la logique du *blockbuster* était celle de générer du volume de vente, celle du *nichebuster* est de rechercher l'accès aux marchés le plus précocement possible avec des prix les plus élevés possibles. Les brevets sont de plus en plus considérés comme des sources de revenus potentielles incitant les industriels à adopter des stratégies de brevetage plus complexes, comme les « *patent thickets*[1] ». Les détenteurs des droits et auteurs d'un brevet peuvent déposer plusieurs demandes pour une même invention, créant un ensemble de droits de brevet redondants. Une analyse du paysage des brevets réalisée en 2011, reprise dans le rapport du Groupe de haut niveau du secrétaire général des Nations unies sur l'accès aux médicaments, révélait que le médicament antirétroviral ritonavir, par exemple, était protégé par 805 familles de brevets (appartenant à l'auteur et à d'autres sociétés de recherche)[2] ! Ces pratiques limitent considérablement les possibilités d'exploitation des inventions par des tiers et la diffusion de nouvelles connaissances scientifiques.

1. Rapport du Groupe de haut niveau du Secrétaire général des Nations unies sur l'accès aux médicaments, « Promouvoir l'innovation et l'accès aux technologies de la santé », 2016, 76 p.

2. *Ibid.*

Pour de nombreuses personnes, elles sont révélatrices de l'effet pervers du brevet, qui n'est plus un outil d'innovation au service de la santé publique, mais un moyen de privatiser un bien public. Ces nouveaux médicaments, en étant moins facilement substituables, confèrent aux groupes pharmaceutiques un pouvoir de marché important, ce qui les inciterait par ailleurs à mettre en place des stratégies anticoncurrentielles non éthiques. Des travaux récents révèlent deux façons d'agir : 1. Les laboratoires paieraient les génériqueurs pour qu'ils renoncent à entrer sur le marché (ces pratiques représentent 31 % du nombre total de cas traités par les autorités de concurrence de la Commission européenne entre 2009 et 2017).

2. Ils chercheraient à acquérir des start-up avec comme seul objectif de « tuer dans l'œuf une innovation qui menacerait leur position[1] ».

Ces pratiques témoignent de la dérive dans laquelle certains grands groupes sont tombés. Ils ont progressivement désinvesti leur rôle de chercheur et de producteur industriel et sont entrés dans une logique d'investisseur, de gestionnaire de « flux » de brevets (le pipeline) spécialisé dans l'accès aux marchés et la commercialisation. La stratégie consiste dès lors à rassurer et à attirer les actionnaires par des niveaux de rentabilité élevés, d'où l'augmentation des dividendes et les politiques de rachat d'actions. Alors, quand Sanofi annonce, à quelques mois d'intervalle, à la fois du retard sur son vaccin contre la Covid-19 et la suppression de 400 postes dans la recherche en France, les polémiques s'enchaînent ! Alors même que Sanofi reste

---

1. Margaret Kyle et Anne Perrot, « Innovation pharmaceutique : comment combler le retard français ? », *op. cit.*

un acteur industriel important pour la France, avec cinq sites de R&D, dix-huit de production, quatre de distribution, cinq sites tertiaires, les dirigeants sont sous pression : Sanofi ferait-il payer à la santé ses arbitrages entre dividendes et recherche[1] ?!

Selon les travaux de l'économiste Mariana Mazzucato, les grandes entreprises pharmaceutiques consacrent de plus en plus de fonds au rachat d'actions afin d'augmenter la valeur par action et de stimuler le versement de dividendes[2]. Pour l'économiste, ces pratiques qui, aux États-Unis, ont été autorisées sans pratiquement aucune limite réglementaire, devraient être contrôlées et limitées chez les entreprises qui ont bénéficié de fonds publics pour soutenir leur recherche. Ces pratiques sont par ailleurs régulièrement dénoncées, comme sur le site activiste « Basta! Pharma Papers[3] ». Sont pointés du doigt onze des plus gros laboratoires qui ont redistribué, en 2017, 141,9 % de leurs profits aux actionnaires. Pour les salariés de Sanofi, cette financiarisation aurait fini par appauvrir la recherche qui faisait l'excellence de leur entreprise[4]...

La recherche thérapeutique et l'accès au traitement sont donc, pour de nombreuses personnes, entravés par la recherche de profits. Le comportement de certains dirigeants encourage ces prises de position. En 2016, Martin Shkreli, le PDG de Turing Pharmaceuticals, remportait

---

1. Anne-Catherine Husson-Traore, « Sanofi fait-il payer à la santé ses arbitrages entre dividendes et recherche ? », *Novethic*, 2021.

2. Mariana Mazzucato *et al.*, « The people's prescription. », *op. cit.*

3. Olivier Petitjean, « 1 000 milliards d'euros de profits en vingt ans : comment les labos sont devenus des monstres financiers », bastamag.net, 2019.

4. Anne-Catherine Husson-Traoré, « Sanofi fait-il payer à la santé ses arbitrages entre dividendes et recherche ? », *op. cit.*

le titre d'« homme le plus détesté d'Amérique ! » Il avait décidé d'augmenter à 750 dollars le prix du Daraprim®, qu'il venait tout juste d'acquérir à 13,50 dollars. J. Michael Pearson, l'ancien PDG de Valeant Pharmaceuticals, avait, de son côté, suscité de vives réactions quand il avait déclaré : « La responsabilité de ma société est vis-à-vis de mes actionnaires, et non des clients qui dépendent de nos médicaments pour vivre. »

En conservant une gouvernance et un modèle autant financiarisés, toutes les actions de RSE menées par les laboratoires pharmaceutiques, aussi excellentes soient-elles, seront jugées suspectes et « utilitaristes ». L'économiste Milton Friedman, si souvent décrié, n'avait finalement pas vraiment tort quand il disait vouloir exclure une « RSE profitable », qu'il qualifiait de « labellisation hypocrite de la recherche de profit ». De l'aveu même de Larry Fink, le fondateur et président de BlackRock, le plus gros investisseur au monde, « une société pharmaceutique qui augmente impitoyablement les prix […] peut maximiser ses rendements à court terme. Mais, comme nous l'avons vu à maintes reprises, ces actions qui portent préjudice à la société rattrapent une entreprise et détruisent la valeur des actionnaires[1] ».

Au-delà des enjeux éthiques et sans parler des dissonances cognitives que peuvent vivre certains collaborateurs, c'est donc la pérennité même de ce modèle qui interroge. Rechercher des prix toujours plus élevés dans un contexte de défiance et d'incertitudes économiques et politiques grandissantes peut-il encore être efficace bien longtemps ?

1. Larry Fink, « A Fundamental Reshaping of Finance », 2020.

2

Un contrat social coopératif

Une mission partagée au service de la santé publique

Les défis sanitaires, sociaux, écologiques et économiques du monde contemporain, ne pourront être résolus par les seuls gouvernements et la société civile, tout comme, ils ne pourront l'être par la seule responsabilité sociale des entreprises. Le rassemblement des acteurs s'impose. La crise sanitaire, sociale et économique de la Covid-19 l'illustre parfaitement.

Si toutes les entreprises doivent par essence leur existence et leur capacité d'action aux États, l'intervention de celui-ci concernant l'industrie pharmaceutique va bien au-delà et touche sa « raison d'être », autrement dit le pourquoi de son existence.

Rappelons que le contrat social tel qu'il existe aujourd'hui porte l'idée implicite que les entreprises pharmaceutiques ont été créées « par la société et pour la société » pour maximiser les politiques de santé. C'est en prenant appui sur la recherche fondamentale publique et sur le privilège que leur confèrent les brevets que les entreprises pharmaceutiques peuvent innover. C'est également grâce à la socialisation de la santé qu'elles ont pu se développer.

Aujourd'hui, plus puissante que jamais et face aux immenses défis auxquels le monde du XXIe siècle est confronté, l'industrie pharmaceutique est face à un choix historique, celui de renouer avec sa raison d'être fondamentale et de participer à la construction d'une santé publique plus égalitaire et plus écologique.

Pour lutter contre la crise mondiale de la Covid-19, des dispositifs inédits ont été mis en place par les États, les institutions publiques, les ONG, les organisations à but non lucratif et les laboratoires pharmaceutiques, pour découvrir et mettre à disposition le plus rapidement possible un vaccin dans le monde entier. Ces dispositifs, qui, pour certains, ont déjà démontré leur efficacité pour donner accès aux traitements dans les pays à faible revenu, permettent à l'industrie pharmaceutique d'incarner un rôle de partenaire de santé publique. Ils prouvent que les acteurs sont capables de s'unir pour faire du médicament un bien public mondial. Ce sont des approches intégrées qui créent les conditions d'une performance globale et ouvrent la voie au développement d'une économie de coopération et de fonctionnalité, pour apporter des solutions concrètes aux objectifs de développement durable. Dès lors, au regard des limites éthiques, sociétales et économiques du modèle actuel, cette économie ne pourrait-elle pas être davantage explorée et expérimentée par les acteurs afin de produire collectivement une santé publique plus égalitaire et plus écologique ?

Être des partenaires de santé publique

Gestion mondiale de la crise de la Covid-19

– Partage du risque et solidarité

La pandémie mondiale de la Covid-19 a déjà causé la perte de centaines de milliers de vies, perturbé la vie de milliards de personnes et représente chaque mois une perte de 375 milliards de dollars américains pour l'économie mondiale[1]... Cette situation de tension a poussé les gouvernements, les institutions, les philanthropes et les industriels à faire évoluer leurs pratiques de collaboration afin de découvrir et mettre à disposition un vaccin efficace et sûr. Le vaccin a été jugé, par l'ensemble des acteurs, comme la solution la plus pérenne pour sortir de la crise.

Cette solution représente un véritable défi collectif en raison de l'urgence de la situation et compte tenu du fait qu'en général il faut au moins dix ans pour en mettre un au point. Au-delà, la mise au point d'un vaccin est complexe et incertaine. De nombreux candidats-vaccins échouent à la phase des essais cliniques, et il n'est donc pas simple pour les laboratoires d'investir trop précocement dans la production. Une situation que connaît Sanofi, pour avoir été dans l'obligation de stopper la production d'un vaccin contre la dengue après avoir investi 300 millions d'euros dans la rénovation de son usine de production de Neuville-sur-Saône.

Dans le cas de la Covid-19, pour réduire le délai entre 12 à 18 mois, toutes les étapes des essais cliniques ont été accélérées, les investissements dans la capacité de production et la sécurisation de l'approvisionnement en matières premières étant menés en même temps. Au regard du niveau élevé des coûts initiaux et des incertitudes liées à la recherche, le besoin de partager les risques entre les acteurs s'est imposé.

Trois types d'approches se sont déployées progressivement, et toutes partagent les mêmes enjeux et les mêmes objectifs : partager les risques par une mutualisation

1. OMS, « COVAX : collaborer pour un accès mondial et équitable aux vaccins contre le virus de la COVID-19 », who.int, 2021.

publique-privée des investissements afin de découvrir le plus rapidement possible un vaccin efficace et sûr et d'avoir la capacité de le produire pour les populations du monde entier.

La première approche nationaliste est celle qui s'est rapidement développée. Ce sont des contrats bilatéraux entre laboratoires pharmaceutiques et États en volonté de garantir à leur population un vaccin le plus rapidement possible. La tactique solo des États-Unis les aurait conduits à débloquer 9 milliards de dollars pour la R&D et les précommandes de vaccins[1] dans le cadre de l'opération Warp Speed[2]. Cette opération suit et coordonne les actions partenariales entreprises entre le ministère américain de la Santé et des Services sociaux[3], différentes agences fédérales comme la Biomedical Advanced Research and Development Authority[4], les National Institutes of Health[5] et certains laboratoires comme Sanofi, GSK, Pfizer, AstraZeneca, Moderna ou encore Johnson & Johnson (Janssen). Dès le mois de mars 2020, ce dernier bénéficiait de 456 millions de dollars pour financer sa R&D et percevait, en août, un milliard de dollars supplémentaire pour soutenir

1. Policy Cures Research, « COVID-19 R&D Tracker Analysis », septembre 2020.

2. Ministère américain de la Santé et des Services sociaux (HHS), « Fact Sheet : Explaining Operation Warp Speed », 2020.

3. Le HHS (U.S. Department of Health & Human Services Research) a pour objectif de protéger la santé de tous les Américains et de fournir des services sociaux essentiels.

4. La BARDA (Biomedical Advanced Research and Development Authority) dépend du bureau du sous-secrétaire à la préparation et à l'intervention au ministère de la Santé et des Services sociaux aux États-Unis.

5. Les NIH (National Institutes of Health) représentent l'agence de recherche médicale américaine et font partie du ministère américain de la Santé et des Services sociaux.

la fabrication et la livraison à grande échelle de son candidat-vaccin. Selon les termes de l'accord, le gouvernement américain sera propriétaire de 100 millions de doses de vaccin et aura la possibilité d'en acquérir d'autres. Le même type de contrat a été conclu avec Moderna : 2,5 milliards de dollars ont été versés à la biotech pour financer ses essais cliniques et 1,5 milliard pour la production et la distribution de 100 millions de doses. Environ deux milliards de dollars ont été versés pour soutenir les essais cliniques et la fabrication du vaccin expérimental de Sanofi et GSK. L'accord conclu avec Pfizer (qui collabore avec la société allemande de biotechnologie BioNTech) conduit à une précommande de leur candidat-vaccin de 100 millions de doses, dans un premier temps, puis de 500 millions après autorisation d'utilisation d'urgence (une commande de 100 millions de doses supplémentaires a été faite en décembre 2020). « Grâce à l'opération Warp Speed, nous sommes en train de constituer un portefeuille de vaccins pour augmenter les chances que le peuple américain dispose d'au moins un vaccin sûr et efficace dès la fin de cette année », déclarait, dès juillet 2020, le secrétaire du Health & Human Services Research, Alex Azar[1].

Toutes les tactiques solo des pays sont comparables, basées sur des précommandes avec plus ou moins de soutien à la R&D. AstraZeneca a, par exemple, reçu plus d'un milliard de dollars des autorités américaines et 79 millions de dollars de la part du gouvernement britannique pour développer un vaccin issu des travaux de l'université d'Oxford. En contrepartie, l'entreprise a

1. U.S. Department of Health & Human services research, « U.S. Government Engages Pfizer to Produce Millions of Doses of COVID-19 Vaccine », 22 juillet 2020.

accepté de fournir, initialement, au moins 400 millions de doses aux États-Unis, avant décembre 2020 et 30 millions au Royaume-Uni. Pour tenir sa promesse, le laboratoire s'appuie sur le producteur indien Serum Institute of India.

La seconde approche rassemble des laboratoires et des pays qui souhaitent mutualiser leurs financements. C'est ainsi que l'Union européenne a lancé, le 17 juin 2020, sa stratégie de coalition. Cette stratégie prend appui sur l'Inclusive Vaccines Alliance, créée par la France, l'Allemagne, l'Italie et les Pays-Bas, et inclut l'accord déjà passé avec AstraZeneca, l'un des premiers laboratoires à avoir communiqué sur les progrès de son candidat-vaccin. Depuis, des accords ont été signés avec Pfizer, GSK-Sanofi, Johnson & Johnson, CureVac et Moderna. Les accords sont passés avec chaque entreprise, individuellement, en fonction de ses besoins propres, afin de réduire le niveau de risque des investissements nécessaires à la mise au point des vaccins et aux essais cliniques, ainsi que de garantir un approvisionnement adéquat et une production en Europe, si possible. Ils sont basés sur des contrats d'achat anticipé : 300 millions de doses réservées auprès de GSK-Sanofi, 400 millions auprès de Johnson & Johnson, 405 millions auprès de CureVac, 600 millions auprès de Pfizer, 160 millions auprès de Moderna et 400 millions auprès d'AstraZeneca, pour un total de 2,3 milliards de doses, réparties entre les États membres au prorata de leur population. La Commission a également mobilisé deux milliards d'euros pour augmenter la capacité de production des laboratoires. Les États membres ont accepté d'apporter une contribution supplémentaire de 750 millions d'euros. L'UE rappelle, par ailleurs, que pour soutenir l'innovation, différents dispositifs financiers, comme InnovFin d'Horizon 2020, bénéficient déjà à des laboratoires engagés dans la coalition. En investissant dans plusieurs partenariats dès le départ, l'UE cherchait à augmenter ses chances d'acquérir un vaccin efficace et bien toléré, directement auprès du producteur, aux conditions tarifaires et aux volumes fixés[1]. Censés être confidentiels, les prix ont été divulgués le 17 décembre 2020 par Eva De Bleeker, la secrétaire d'État belge au Budget : « 1,78 euro l'unité pour AstraZeneca, 6,93 (8,50 dollars) pour Johnson & Johnson, 7,56 pour Sanofi/GSK, 10 pour Curevac, 12 pour Pfizer-BioNTech, 14,68 (18 dollars) pour Moderna[2] », des prix bas grâce à l'achat groupé des pays membres. L'UE souligne, par ailleurs, l'existence d'un cahier des charges rigoureux pour sélectionner les laboratoires pharmaceutiques avec lesquels elle a choisi de collaborer : la rigueur de l'approche scientifique et de la technologie utilisée est évaluée. Les coûts engagés et la capacité à pouvoir fournir rapidement et à grande échelle le vaccin font partie des critères. Les contrats négociés actuellement prévoient que les États membres indemnisent le fabricant pour les éventuels risques financiers en cas de plaintes ultérieures de patients pour effets secondaires. Les conditions réglementaires sont conçues pour accélérer les autorisations de mise sur le marché, tout en sécurisant les produits. Pour l'UE, cette stratégie est analogue à une police d'assurance : « Elle transfère une partie du risque de l'industrie vers les autorités publiques et, en contrepartie, garantit aux États membres un accès équitable et abordable à un

1. Commission européenne, « Stratégie de l'Union européenne concernant les vaccins contre la COVID-19 », juin 2020.

2. Jean-Pierre Stroobants, « La révélation du prix des vaccins contre le Covid-19 embarrasse l'industrie et la Commission européenne », *Le Monde*, 21 décembre 2020.

vaccin, si un vaccin est produit.[1] » Cependant, la question de l'approvisionnement dans ce modèle reste en suspens, car un seul laboratoire ne pourra pas être en mesure de produire pour tous les pays de l'UE et moins encore pour le monde entier. La mise sur le marché de Pfizer a révélé très concrètement ce blocage logistique, conduisant la ministre déléguée chargée de l'Industrie, Agnès Pannier-Runacher, à encourager Sanofi à produire le vaccin de la firme américaine. Paul Hudson, le directeur général de Sanofi, a déclaré, lors d'un entretien dans *Le Figaro* du 26 janvier 2021, que l'entreprise allait conditionner le vaccin de Pfizer-BioNTech à partir du mois de juillet : « Nous devrions pouvoir fournir plus de 100 millions de doses d'ici la fin de l'année, qui seront destinées à l'Union européenne. »

La troisième approche apporte une solution plus large au défi de production en proposant, dès le départ, aux laboratoires, de négocier des licences d'exploitation de leur vaccin. Il s'agit du dispositif COVAX, un dispositif sous la responsabilité conjointe de la CEPI[2], de l'Alliance du vaccin, Gavi[3] et de l'OMS, qui vise à centraliser un financement conjoint de gouvernements, de laboratoires pharmaceutiques, de fondations et d'ONG, afin d'accélérer le développement et la production de vaccins et d'en garantir un accès juste et équitable à

1. Commission européenne, « Stratégie de l'Union européenne concernant les vaccins contre la COVID-19 », *op. cit.*

2. « La CEPI (Coalition for Epidemic Preparedness Innovations) est un partenariat mondial innovant entre des organisations publiques, privées, philanthropiques et de la société civile lancé à Davos en 2017 pour développer des vaccins pour arrêter de futures épidémies. »

3. L'Alliance du vaccin, Gavi, est une organisation internationale basée sur un modèle de partenariat public-privé créée en 2000 qui « aide à vacciner près de la moitié des enfants du monde contre les maladies infectieuses mortelles et invalidantes ».

tous les pays du monde. Le dispositif veille à ce que le financement des vaccins soit possible pour les pays à faible revenu.

Le COVAX[1] structure une solution inédite mondiale complète qui permet :

– de partager les risques associés à la recherche et au développement « d'un portefeuille de candidats-vaccins » : une partie des coûts de R&D est prise en charge par l'acompte versé par les pays participants. La Commission européenne y participe à hauteur de 500 millions d'euros (12 novembre 2020), et 4 milliards de dollars ont été promis par le président américain Joe Biden, le 19 février 2021, alors que les États-Unis privilégiaient jusqu'à présent leur stratégie nationale (à noter le soutien de la Fondation Bill & Melinda Gates à hauteur de 1,6 milliard de dollars) ;

– d'investir dans la production dès le départ, afin que les vaccins qui ont fait la preuve de leur efficacité et de leur innocuité puissent être produits à grande échelle. Sur ce point, le dispositif porte l'ambition d'identifier rapidement les candidats-vaccins ayant le plus grand potentiel de succès (des équipes travaillent sur la sélection des vaccins, la collecte des preuves des essais cliniques et la modélisation de leurs impacts). L'octroi de primes « à la vitesse » est prévu. Ce sont

1. Ces informations ont été collectées durant la réunion d'information des états membres sur le COVAX – pays autofinancés – le 16 juillet 2020. Cette réunion s'est déroulée sous la règle de Chatham House. C'est une règle utilisée pour réglementer la confidentialité des informations échangées lors d'une réunion : « Quand une réunion, ou l'une de ses parties, se déroule sous la règle de Chatham House, les participants sont libres d'utiliser les informations collectées à cette occasion, mais ils ne doivent révéler ni l'identité, ni l'affiliation des personnes à l'origine de ces informations, de même qu'ils ne doivent pas révéler l'identité des autres participants. »

des récompenses financières promises aux industriels qui parviendraient à atteindre, en premier, un objectif ou une étape de développement clinique. COVAX envisage le rachat des licences d'exploitation par transfert de technologie des premiers vaccins qui auront fait la preuve de leur efficacité et qui auront obtenu leur AMM par les autorités des pays, afin que les laboratoires dont les vaccins ont été moins prometteurs puissent participer à la production et à la distribution mondiale. Un moyen concret de garantir une production et une distribution pour tous. « Une coalition de 16 entreprises pharmaceutiques et la fondation Bill-et-Melinda-Gates ont conclu un accord de coopération portant sur la fabrication de vaccins et sur une mise à l'échelle de la production à un rythme jamais vu auparavant, de façon à garantir que les vaccins approuvés soient plus largement accessibles et distribués au plus tôt », précise l'OMS[1].

Le dispositif anticipe également les prix HT des vaccins – impossible de savoir s'ils se situent dans les mêmes fourchettes de prix que celles citées ci-dessus, sachant d'autre part que les pays du Nord acceptent d'acheter plus cher le vaccin par solidarité vis-à-vis des pays du Sud. En garantissant un prix et des volumes par des achats groupés, le dispositif cherche à donner confiance aux industriels, qui peuvent plus facilement investir dans la R&D et anticiper leur production. Un accord d'achat anticipé avec Pfizer a été conclu pour 40 millions de doses et près de 150 millions de doses du vaccin-candidat AstraZeneca/Oxford.

1. OMS, « Les Nations unies saluent des promesses pour près d'un milliard de dollars USD visant à soutenir l'accès à des tests, des traitements et des vaccins essentiels pour en finir avec la COVID-19 », 2020.

L'objectif de COVAX est que 2 milliards de doses de vaccin puissent être distribuées équitablement à l'échelle mondiale d'ici la fin de 2021, dont au moins 1,3 milliard de doses à 92 pays à faible revenu, ce qui devrait suffire à protéger les personnes vulnérables, ainsi que les personnels de santé de première ligne.

Au 18 décembre 2020, 190 pays, dont la Chine et la République de Corée, participent au dispositif. Le 23 février 2021, le mécanisme COVAX a expédié ses premières doses du vaccin AstraZeneca : 600 000 doses à destination d'Accra, au Ghana.

COVAX et la coalition européenne sont en lien avec le dispositif plus global mis en place par l'OMS, l'« ACT-Accelerator ». L'ACT-Accelerator est une coalition mondiale inédite, lancée le 24 avril 2020, lors d'un événement coorganisé par le directeur général de l'OMS, le président Emmanuel Macron, la présidente de la Commission européenne Ursula von der Leyen et la fondation Bill-et-Melinda-Gates. Elle rassemble les gouvernements, les scientifiques, les entreprises, la société civile et les philanthropes autour de quatre piliers : vaccin, traitement, diagnostic, système de santé.

– Le pilier vaccin (dispositif COVAX), afin d'accélérer la recherche, la fabrication et l'approvisionnement de vaccins pour tous les pays.

– Le pilier traitement est organisé par le Wellcome Trust[1] et Unitaid et vise à développer et à assurer la fabrication, l'achat et la distribution de 245 millions

1. Le Wellcome Trust est une fondation caritative en médecine dont le siège est en Grande-Bretagne. Sa mission consiste à encourager et à promouvoir la recherche dans le but d'améliorer la santé de l'homme et des animaux ; au-delà de son financement dans la recherche biomédicale, un soutien est donné à la compréhension de la science par le grand public.

de traitements dans les pays à faible et moyen revenus d'ici mi-2021.

– Le pilier diagnostic est organisé par le Fonds mondial et la fondation FIND pour des outils diagnostiques nouveaux et novateurs. Ils se concentrent sur le développement d'outils de diagnostics simples, abordables, de haute qualité et rapides pour détecter l'infection, avec pour objectif que 500 millions de ces tests atteignent les populations des pays à faible et moyen revenus d'ici mi-2021.

– Le pilier connecteur des systèmes de santé est dirigé par la Banque mondiale et le Fonds mondial. Ils s'emploient à veiller à ce que l'ensemble de ces outils atteignent les personnes qui en ont besoin. L'objectif est qu'ils soient introduits dans les pays en 18 mois.

– Les premiers enseignements

Le niveau d'investissement des pouvoirs publics pour la mise à disposition d'un vaccin est sans précédent : 5,4 milliards de dollars d'argent public auraient été apportés pour soutenir la seule R&D ! Un montant auquel il convient d'ajouter ceux des précommandes de chaque pays pour assurer leur approvisionnement[1]. Un engagement inédit limitant considérablement le risque financier des grands laboratoires et des nombreuses biotechs impliqués dans la recherche. Résultat : des vaccins à disposition dès la fin de l'année 2020 à des prix raisonnables. Cependant, la société civile exige plus de transparence concernant les contrats négociés avec les laboratoires, alors même qu'ils seront les détenteurs des brevets et qu'au total, les ventes de vaccins pourraient

1. Policy Cures Research, « COVID-19 R&D Tracker Analysis », *op. cit.*

représenter un marché de 30 à 40 milliards de dollars en 2021 ! Pfizer a annoncé que la vente de son vaccin lui permettra d'atteindre environ 15 milliards de dollars sur l'année 2021 – le plus important blockbuster de l'histoire concernant un vaccin – et dégagera une marge avant impôt d'environ 25 % à 30 %, l'entreprise ayant investi près de 2 milliards de dollars. Ce besoin de transparence est d'autant plus essentiel que, comme évoqué, les laboratoires et les biotechs bénéficient des envolées des cours de la bourse suite au soutien financier des États et que la question sensible de l'accès équitable aux vaccins se pose jour après jour[1].

Face à la menace mondiale que représente cette pandémie, les approches nationalistes sont-elles finalement les bonnes réponses ? Ces politiques conduisent un pays comme l'Inde à négliger les étapes d'évaluation du Covaxin®, un vaccin développé par la société pharmaceutique Bharat Biotech et le Conseil indien de la recherche médicale. Ce vaccin a été autorisé en urgence, et c'est la campagne de vaccination qui fait office de phase III ! Ces approches poussent Israël à payer le vaccin Pfizer quasiment le double du prix initial, le Canada à commander et placer des options auprès de sept laboratoires sur plus de 400 millions de doses pour une population totale de 38 millions d'habitants, l'un des ratios les plus élevés au monde. Le Royaume-Uni, quant à lui, aurait également pré-garanti environ cinq doses par personne[2] !

Ces stratégies nationalistes ont conduit le directeur général de l'OMS, Tedros Adhanom Ghebreyesus, à demander fermement aux pays et aux laboratoires

1. Comme on peut le lire dans le magazine *Forbes* d'août 2020.
2. *Ibid.*

concernés de cesser ces accords bilatéraux et de faire preuve de plus de solidarité : « À l'avenir, j'aimerais que les fabricants accordent la priorité au déploiement du mécanisme COVAX. » Il a par ailleurs demandé aux pays qui ont commandé plus de vaccins que nécessaire d'en faire don au dispositif[1]. Si le secrétaire général de l'ONU António Guterres s'est félicité des « efforts extraordinaires déployés à l'échelle internationale », il souligne qu'« il y va de l'intérêt national et économique de chaque pays d'œuvrer ensemble à élargir massivement l'accès aux tests et aux traitements, et à soutenir l'idée de voir dans un vaccin un bien public mondial – un "vaccin du peuple" disponible et abordable pour tous, partout ». Sur ce point, soulignons que Johnson & Johnson et AstraZeneca se sont engagés, dès le départ, à vendre leurs vaccins à prix coûtant durant toute la durée de la crise. Ce qui n'est pas le cas de Pfizer et de la biotech Moderna. Cette dernière a cependant annoncé ne pas vouloir faire valoir ces droits de brevet tant que la pandémie se poursuivra dans le monde. Comme le dispositif COVAX le préconise, un transfert de technologie permettra à d'autres fabricants de produire le vaccin de la firme américaine. Reste cependant à gérer les questions techniques liées à la production d'un tel vaccin et logistiques liées à sa distribution : le besoin d'une conservation à – 20 °C est un réel frein pour l'acheminer dans les pays du Sud... Pour l'OMS, il convient de rappeler néanmoins que « partager les bénéfices de l'innovation est le meilleur moyen de mettre fin à la pandémie et d'accélérer la reprise économique mondiale[2] ».

1. Conférence de presse de l'OMS du 8 janvier 2021.
2. Conférence de presse de l'OMS du 9 octobre 2020.

Les coalitions, la base d'un nouveau contrat social

Le dispositif COVAX et la coalition européenne sont des approches globales collaboratives qui rassemblent des gouvernements, des laboratoires pharmaceutiques, des ONG et des organisations à but non lucratif, des fondations autour d'une même ambition, celle de résoudre une situation sanitaire complexe. En cela, elles s'apparentent aux coalitions déjà déployées pour pallier les besoins de santé publique des pays à faible revenu.

– Un modèle coopératif qui produit de la santé publique

Comme évoqué dans le précédent chapitre, de nombreuses coalitions multi-acteurs ont été créées pour pallier les défaillances des systèmes de santé des pays à faible revenu[1] et les défaillances du marché pharmaceutique en matière d'accès aux traitements dans ces pays : l'Initiative internationale pour les vaccins contre le sida en 1996, l'alliance Gavi pour faciliter l'accès aux vaccins en 2000, le Fonds mondial de lutte contre le sida, la tuberculose et le paludisme en 2002, la DNDi[2], en faveur des maladies négligées, et la Fondation pour les méthodes diagnostiques novatrices en 2003, pour n'en citer que quelques-unes. Ces organisations, en favorisant les collaborations, explorent de nouvelles et meilleures façons de répondre aux besoins de la

1. Selon la Banque mondiale, en 2015, 71 pays n'ont pas atteint les 90 dollars par personne et par an nécessaires pour assurer les services de santé essentiels.

2. La DNDi (Drugs for Neglected Diseases initiative) est une organisation de recherche indépendante, à but non lucratif, basée à Genève, ayant pour objectif le développement de médicaments sur les maladies tropicales négligées, par exemple la maladie du sommeil.

santé mondiale. Elles cherchent à rassembler l'expertise technique de l'OMS, la puissance d'achat d'organisation comme l'Unitaid, les savoir-faire financiers de banques, les connaissances scientifiques et techniques des laboratoires pharmaceutiques, d'autres acteurs privés ainsi que le soutien logistique et financier de donateurs étatiques et philanthropiques comme la fondation Bill-et-Melinda-Gates, afin de transformer des découvertes scientifiques en solutions de santé abordables et accessibles dans le monde entier. Dès 2007, le docteur Bernard Pécoul, directeur de la DNDi, expliquait qu'il était possible, avec des partenaires publics, philanthropiques et un laboratoire aussi puissant que Sanofi, de mettre au point un produit innovant comme celui de l'ASAQ (médicament combiné de lutte contre le paludisme) à un prix coûtant, en renonçant à déposer un brevet : « Nous avons lancé un nouveau médicament en le considérant comme un bien public » déclarait-il dans le journal *L'Humanité* du 2 mars 2007.

Face aux défis sanitaires grandissants, qui ne touchent plus exclusivement les pays à faible revenu, la société civile continue à s'organiser en créant de nouvelles coalitions comme la CEPI créée en 2017 afin d'accélérer la recherche de vaccins. Elle bénéficie du soutien, entre autres, des gouvernements norvégien, japonais, allemand et également du Wellcome trust et de la fondation-Bill-et-Melinda-Gates. En 2019, le GARDP (Global Antibiotic Research and Development Partnership) a vu le jour et porte l'ambition de découvrir et de mettre à disposition de nouveaux antibiotiques pour répondre aux besoins mondiaux en matière de lutte contre l'antibiorésistance. Cette dernière est responsable du décès de 700 000 personnes par an, près de 33 000 en Europe et 35 000 aux États-Unis. Selon un rapport de 2016 de l'économiste Jim O'Neill[1], elle ferait 10 millions de victimes supplémentaires par an, soit une toutes les trois secondes à l'horizon 2050 ! Elle pourrait faire perdre aux pays plus de 5 % de leur PIB et plonger 28 millions de personnes dans la pauvreté. On estime que l'augmentation mondiale des coûts des soins de santé atteindra 1 000 milliards de dollars par an. L'enjeu est tel que, le 9 juillet 2020, une vingtaine de laboratoires dont Johnson & Johnson, GSK, Pfizer, Roche, Boehringer Ingelheim, Bayer, Merck et Novartis ont annoncé vouloir contribuer aux efforts du GARDP et apporter leur soutien à travers un fonds d'un milliard de dollars américains. Pour Thomas B. Cueni, directeur général de l'IFPMA[2], ce fonds d'action contre l'antibiorésistance, « ARM Action Fund », est l'une des initiatives de collaboration les plus importantes et les plus ambitieuses jamais entreprises par l'industrie pharmaceutique[3]. Le fonds a pour mission d'investir dans des sociétés de biotechnologie et de fournir l'expertise de l'industrie pour soutenir le développement clinique de nouveaux antibiotiques. Les antibiotiques découverts pourront être commercialisés par les entreprises impliquées en partenariat avec les autres acteurs engagés. Pour Seamus O'Brien, le directeur de la R&D au GARDP, « ce financement offre une opportunité de stimuler la filière de développement des antibiotiques,

1. OCDE, « New Health Technologies : Managing Access, Value and Sustainability », 2017.

2. IFPMA est une ONG internationale à but non lucratif représentant les secteurs de la recherche pharmaceutique, biotechnologique et vaccinale.

3. Business Wire, « L'objectif du nouveau Fonds d'action contre l'antibiorésistance », 2020.

en particulier pour les traitements contre les infections prioritaires résistantes aux médicaments. Il complétera le travail engagé par le GARDP ». Cependant, la question de la commercialisation de ces innovations et donc de leurs accès reste à ce stade une préoccupation pour le GARDP. Il subsiste encore aujourd'hui un fossé d'accès qui fait que les antibiotiques nouvellement développés et certains antibiotiques existants ne sont toujours pas accessibles à ceux qui en ont besoin, ce qui entraîne des taux de mortalité et des coûts de santé plus élevés. Selon le GARDP, les AMM qui seront délivrées représentent finalement une petite étape de la chaîne, la phase la plus importante est celle de s'assurer que les antibiotiques atteignent les patients et sauvent des vies. Malheureusement, cette phase critique reste un défi.

De nombreuses initiatives se développent également dans les maladies rares et la lutte contre le cancer, comme par exemple la fondation Fair Medicine, qui œuvre pour un médicament juste et équitable en Hollande : « Fair Medicine a mis au point une nouvelle forme de coopération pour le développement des médicaments : une coalition de parties intéressées qui coopèrent intensivement (patients, praticiens, institutions du savoir, investisseurs, producteurs, etc.). Les concepts clés sont de se développer ensemble et d'être responsables, d'investir ensemble, de s'entendre sur un rendement acceptable et durable[1]. »

Pour l'OMS, « les partenariats public-privé sont la manifestation la plus visible du fait que la collaboration a la capacité de favoriser la recherche-développement [...],

1. Fair Medicine, « Onze principes », fairmedicine.eu, 2020.

les produits mis au point grâce à ces partenariats bénéficient presque toujours de stratégies claires et transparentes pour en garantir l'accès[1] ». Les pays sont alors plus enclins à agir ensemble en mutualisant leurs investissements. Les dispositifs financiers et réglementaires font l'objet de négociations entre les partenaires. Il s'agit d'avoir une gestion efficace de la propriété intellectuelle, de rendre cohérente la répartition de la valeur et du risque à toutes les étapes de l'élaboration de la solution de santé recherchée, une solution intégrée d'utilité sociétale, constituée de médicaments et de services qui produisent du progrès thérapeutique et qui transforment positivement une situation de santé publique. Comme le souligne l'OMS, « certains de ces partenariats ont été remarquablement fructueux ».

– Un rôle de partenaire de santé publique

Au sein des coalitions, les laboratoires pharmaceutiques sont incités à devenir des partenaires de santé publique, c'est leur raison d'être. Leur mission évolue. Il s'agit pour eux de co-innover, de coproduire des solutions de santé répondant à des besoins médicaux et prenant en compte les déterminants de la santé (la pauvreté, les inégalités, les dégradations écologiques) et la soutenabilité des systèmes de santé. C'est la base d'un nouveau contrat social.

La mission, en désignant « un progrès souhaitable, des futurs désirables en commun[2] », explicite la manière dont les entreprises participent à la construction du mieux commun tout en tirant profit

---

1. OMS, « Accès aux médicaments : agir pour que les forces du marché servent les plus démunis », *op. cit.*

2. Blanche Segrestin et Kevin Levillain, *La Mission de l'entreprise responsable. Principes et normes de gestion*, Presses des Mines, coll. « Économie et gestion », 2018.

de leurs activités[1]. Dans ce nouveau contrat social, la profitabilité des entreprises pharmaceutiques est reliée positivement à la réduction des inégalités d'accès, les médicaments étant plus facilement disponibles sous la forme de biens publics mondiaux.

Ce nouveau pacte social ouvre la voie au développement d'une économie pharmaceutique de coopération et de fonctionnalité[2] basée sur un modèle du partage du risque, autrement dit un modèle à progrès partagé. Ce type de modèle économique est promu par les acteurs soucieux de comprendre les contraintes des autres, et motivé par la volonté de s'engager dans un modèle de développement durable qui cherche à optimiser l'usage et l'utilité plutôt que le produit. Le consommateur n'achète plus un produit, mais la performance d'usage d'un produit. Le prix n'est plus au centre des décisions ! Il est considéré comme un attribut de la solution et participe à la construction de la valeur d'usage. Adaptée à l'industrie pharmaceutique, cette économie encourage les acteurs à l'élaboration de solutions qui intègrent l'accès à tous les

---

1. Blanche Segrestin, « La mission, un nouveau contrat social pour l'entreprise », *Esprit* n° 442, 2018, pp. 90-101.

2. Plus généralement, l'économie de la coopération et de la fonctionnalité transforme les interactions des activités sur un territoire. Les acteurs économiques et publics mettent en commun des savoir-faire afin de fournir des solutions intégrées de services et de biens qui satisfassent un besoin. Cette économie repose sur la vente d'une performance d'usage collectif et non sur la simple vente individuelle d'un bien, tout en limitant les externalités sociales et environnementales négatives. Elle inclue ainsi l'économie circulaire qui, en cherchant à limiter le gaspillage des ressources et l'impact environnemental, augmente l'efficacité des produits. Les acteurs ont conscience de contribuer au bien commun. Patrice Vuidel *et al.*, *Vers une économie de la fonctionnalité à haute valeur environnementale et sociale en 2050. Les dynamiques servicielle et territoriale au cœur du nouveau modèle*, ADEME, 2017, 433 p.

patients qui en ont besoin de médicaments « utiles ». Ce modèle économique, dont le niveau de rendement se négocie, a vocation à devenir plus transparent et plus durable grâce à la mutualisation publique-privée des efforts, au partage du risque et à l'optimisation de l'utilisation des ressources. C'est un modèle qui cherche à valoriser la composante immatérielle du médicament et apporte une réponse alternative positive au modèle industriel traditionnel « productiviste » et financiarisé qui prévaut aujourd'hui. Au sein même des coalitions, et comme la gestion de la crise de la Covid-19 le montre, les contrats avec les laboratoires sont fondés sur la vente de médicaments associée à une recherche de production en volume. Dans ce modèle, les laboratoires sont encore des fournisseurs de produits, et la création de valeur dépend essentiellement de l'évolution des prix, d'où les préoccupations légitimes du GARDP. C'est pourquoi l'économie de coopération et de fonctionnalité, appelée également économie de la performance, se présente comme une opportunité. C'est un modèle de performance globale « financière et extrafinancière[1] » qui réconcilie le « marché » et le « contrôle social » en rassemblant les acteurs autour de « valeurs partagées ». Le contrat social s'équilibre.

Dès lors, cette économie ne pourrait-elle pas être le modèle économique pharmaceutique du monde d'après ? Et devenir l'un des fondements de la construction d'une « véritable » Europe de la santé ?

---

1. Il est utile ici de faire le lien avec les indicateurs de performance extrafinancière de RSE/ESG environnementale, sociale et de gouvernance.

Vers une économie de coopération et de fonctionnalité

Cette réflexion est menée dans la philosophie de celle des travaux de l'ADEME[1], pour qui l'économie de coopération et de fonctionnalité repose sur une vision de l'avenir qui réussira à apporter des solutions concrètes aux enjeux du développement durable. Cette vision « relève en quelque sorte de l'utopie, non pas dans le sens commun d'irréalisable, mais dans le sens d'un projet souhaitable, qui en rencontrant une audience pourrait trouver à se réaliser[2] ».

Partager les risques et les succès

Imaginons maintenant que pour éradiquer la Covid-19, l'OMS, les États, les laboratoires et tous les acteurs de la chaîne, aient contractualisé leurs accords sur la base d'une performance d'usage des vaccins, autrement dit, leur impact réel sur la vie des citoyens. Concrètement, ils auraient en amont défini ensemble le niveau d'une « contribution acceptable » de chacun des partenaires impliqués, définissant ainsi un « coût élargi partagé » (partage du risque), de la R&D jusqu'à la distribution des vaccins. Ils auraient déterminé les critères de

1. ADEME : l'Agence de la transition écologique est un établissement public à caractère industriel et commercial français créé en 1991. Il est régi par la loi n° 90-1130 du 19 décembre 1990 et le décret n° 91-732 du 26 juillet 1991. Il est placé sous la tutelle des ministères chargés de la Recherche et de l'Innovation, de la Transition écologique et solidaire, de l'Enseignement supérieur.

2. Patrice Vuidel *et al.*, « Vers une économie de la fonctionnalité à haute valeur environnementale et sociale en 2050 Les dynamiques servicielle et territoriale au cœur du nouveau modèle. », *op. cit.*

performance d'usage et d'utilité attendue ; par exemple, et comme on peut le lire sur le site de la Gavi :

- le nombre total des décès futurs évités, par groupe de 100 000 individus vaccinés, en particulier au sein des populations vulnérables ;
- le pourcentage de patients immunisés en vie réelle ;
- les coûts directs de santé évités, la baisse des hospitalisations, etc. ;
- le nombre de pays approvisionnés, délais, accessibilité, etc. ;
- l'usage d'emballages écologiques et durables, etc.

Ces critères définissent les objectifs à atteindre, constituent le socle des négociations entre les partenaires sur la base d'un système de « rétribution/coopération » où les risques et les succès sont partagés sur toutes les étapes de l'élaboration de la solution de santé recherchée.

Cette logique industrielle peut s'adapter à tous les médicaments, remboursés ou non, et en particulier aux nouvelles thérapies innovantes (thérapies géniques, cellulaires, tissulaires).

– Des négociations équitables

Un système de « rétribution/coopération » doit pouvoir guider les acteurs dans la recherche d'un rendement raisonnable, équitable et durable. La responsabilité de l'efficience des investissements devient collective. Comme le souligne le docteur Philippe Duneton, directeur exécutif d'Unitaid, « il y a des contreparties à déterminer. Ce sont des questions difficiles qui demandent de la créativité. Des mécanismes sont encore à inventer, certains ont par ailleurs été déjà étudiés », comme ceux discutés au sein du Groupe de haut niveau du secrétaire général des Nations unies sur l'accès aux médicaments. L'octroi de primes intermédiaires avait retenu l'attention des experts. Les négociations promettent des récompenses financières à l'industriel une fois qu'un objectif ou une étape de développement clinique seraient atteints. L'octroi des primes « à la vitesse » dans le modèle COVAX s'inscrit dans cette logique. Différentes combinaisons de subventions, des récompenses en cash comme des « récompenses d'entrée sur le marché » ont également été suggérées par certains économistes comme Mariana Mazzucato. Ces formes de rétribution sont préconisées pour encourager les industriels à innover et ont pour ambition sous-jacente de prouver que l'innovation peut être stimulée par des mécanismes nouveaux, en remplacement de l'octroi d'un monopole et surtout des prix élevés qui y sont associés. L'ensemble de ces dispositifs est connu sous le nom anglais de *delinkage*, car ces derniers permettent que le prix du médicament soit « dissocié » du coût de la R&D. Ce concept a été adopté en 2019 par le programme du Conseil des droits de l'homme des Nations unies sur l'accès aux médicaments. De nombreuses ONG et des États militent auprès des Nations unies pour que « la dissociation » soit inscrite dans le droit international. Aux États-Unis, le sénateur Bernie Sanders en est un fervent défenseur[1]. Ce sont des dispositifs à explorer dans le cadre d'une économie de la fonctionnalité qui, par nature, considère le prix comme faisant partie intégrante de la solution.

Dans cette économie, les brevets sont accordés par définition à de « réelles » innovations (ce qui va dans le sens des décisions législatives engagées par des pays comme le Brésil, l'Afrique du Sud et l'Inde[2]). L'industriel peut

1. Voir le site delinkage.org
2. Mariana Mazzucato *et al.*, « The people's prescription. », *op. cit.*

conserver la paternité de ses innovations, mais comme ce modèle économique est basé sur la vente d'une utilité, alors vendre à des prix raisonnables des *frand* (*fair, reasonable and non discriminatory*) licences par transfert de technologie devient un moyen concret d'augmenter l'accessibilité des médicaments/vaccins et donc leur impact en faveur des populations. Plus globalement, c'est un moyen concret de diffuser à l'échelle mondiale les innovations dont l'usage a le plus d'impact. Sur ce point, si le rachat des licences d'exploitation des vaccins Pfizer et Moderna augmentait le niveau de production, cela ne résoudrait pas pour autant le problème logistique qui limite leur distribution dans les pays du Sud. Le besoin de conserver ces vaccins à – 80 et – 20 °C restreint leur impact sociétal dans ces régions du monde. Sans considérer les coûts que nécessitent leur distribution, il est peu probable que ces vaccins obtiendraient les prix les plus élevés dans un modèle économique de la fonctionnalité, alors que c'est le cas dans le modèle actuel.

Dans un modèle de coalition basé sur une économie de fonctionnalité, alors il serait tout à fait possible d'imaginer que, pour répondre à l'urgence de la crise sanitaire, le vaccin de Johnson & Johnson soit choisi comme « le » vaccin à déployer le plus rapidement possible pour toutes les populations du monde : efficace, bien toléré, une seule prise, conservation entre 2 et 8 °C, prix coûtant, des critères qui créent les conditions favorables pour atteindre les objectifs de performance médicale et sociétale attendue. Un transfert de technologie permettrait de le produire et le distribuer à grande échelle par tous les laboratoires et partenaires impliqués dans la lutte contre la maladie.

Dans ce modèle, l'approche contractuelle nécessite de s'étendre dans le temps, afin que la performance d'usage et l'utilité sociétale des médicaments/vaccins puissent être définies, testées et démontrées. Les contrats à la performance évoqués dans le précédent chapitre, qui tendent à se développer dans de nombreux pays, ont pour vertu de lier les pouvoirs publics et les laboratoires autour de l'incertitude liée à l'efficience en vie réelle des médicaments. Ils sont donc une bonne base pour structurer des négociations équitables. Cependant, ils demandent à être mis en place plus précocement, dès le projet de recherche et sur toutes les étapes de l'élaboration de la solution de santé sur le principe de « rétribution/coopération ». Tous les acteurs de la chaîne seraient impliqués. Au-delà de la valeur médicale produite, des accords seraient négociés concernant les conditions de livraison, d'une production au bilan carbone neutre, la sécurité et la continuité de l'approvisionnement, etc. En cherchant collectivement à augmenter la performance d'usage des vaccins à ARN messager, la recherche de formes lyophilisées pourrait par exemple être soutenue et expérimentée à plus grande échelle…

Les études épidémiologiques, observationnelles, dites « populationnelles », qui sont menées par la suite, permettront de mesurer l'impact de la solution au regard des objectifs définis par les partenaires, par exemple l'amélioration de la prise en charge globale du patient sur son parcours de soin, les économies engendrées, mais aussi la réduction des inégalités d'accès, etc., autant d'indicateurs de performance globale. Ce serait un moyen concret d'évaluer dans le temps l'impact des guérisons que sous-tend l'usage des thérapies innovantes.

Dans un modèle qui valorise la performance d'usage, la polémique sur le nombre de doses dans le flacon de Pfizer n'aurait jamais eu lieu ! Bien au contraire, le fait que le flacon de Pfizer puisse vacciner six personnes au lieu de cinq aurait été un moyen concret pour le laboratoire d'immuniser plus de personnes et donc de valoriser l'accessibilité, les résultats cliniques et l'utilité de son vaccin. D'autre part, cela aurait été un moyen concret de limiter le gaspillage et les déchets, donc de réduire les externalités environnementales négatives de la solution.

Sur ce point, dans ce modèle, si l'utilité d'un médicament n'est au contraire pas démontrée, alors il pourrait être retiré du marché. À l'échelle mondiale, une économie de la fonctionnalité contribuera potentiellement à réduire le nombre de produits thérapeutiques et donc améliorera l'empreinte écologique globale du médicament. Comme 75 % des médicaments en rupture de stock sont des médicaments qui ont plus de vingt ans de commercialisation, ce serait l'occasion de requestionner l'utilité de certains et en particulier ceux en vente libre, soumis aux règles du « marché de la consommation » entre hausse de prix et volume de vente.

Enfin, les services que nous avons évoqués dans le précédent chapitre, qui accompagnent les nouveaux médicaments, vont, dans ce modèle, pouvoir être monétisés, ce qui n'est pas le cas dans le modèle actuel. Les laboratoires seront plus enclins à développer des stratégies servicielles, qui contribuent aux objectifs du développement durable : prise en compte des populations vulnérables et démunies ; réduction du gaspillage et des déchets. Des partenariats innovants avec des sociétés de biocleantech offriraient des solutions à forte valeur environnementale. L'économie circulaire pourrait être intégrée dans les négociations au travers par exemple d'avantages fiscaux. Les laboratoires, les éco-organismes, les établissements de santé pourraient œuvrer ensemble pour accélérer le recyclage de certaines matières premières comme le palladium utilisé comme catalyseur dans la production pharmaceutique et dont la ressource naturelle exige d'être contrôlée.

Reste, cependant, dans ce modèle, à appréhender la question sensible de la valeur à donner à « l'incertitude » que porte, par essence, tout projet de R&D, une valeur qui impacte le niveau d'investissement et le risque qui lui est associé. En conséquence, il semble particulièrement intéressant de faire évoluer la DCF, *discounted cash flow*, la technique de calcul sur laquelle s'appuient aujourd'hui les industriels pour l'évaluer. Le développement d'une économie de coopération et de fonctionnalité pourrait en changer le paradigme.

– Une version sociale de la *discounted cash flow*

La DCF, dont l'objectif est de fixer une valeur à un projet de recherche d'un candidat-médicament, repose aujourd'hui sur des calculs et des logiciels qui estiment les coûts prévisibles de la recherche, son potentiel taux de succès, les ventes prévisionnelles envisagées et ce, au regard du « coût du capital » de l'entreprise, c'est-à-dire, le taux auquel cette dernière estime que ses actionnaires souhaitent voir leur capital croître. « Dans ses justifications théoriques, le coût du capital apparaît comme une sorte de récompense pour les investisseurs en contrepartie de l'incertitude qu'ils supportent. La justification de la DCF est étroitement liée à une vision de l'entreprise comme devant maximiser la valeur du capital qui lui est confié par ses actionnaires », explique Liliana Doganova, chercheure en sociologie et professeure à l'École des mines, lors de notre entretien. Dans le modèle actuel, dès le départ, les laboratoires portent donc une promesse, celle de la maximisation financière pour leurs actionnaires. Au-delà, la DCF fait l'objet de nombreuses critiques, car les données utilisées pour évaluer « l'avenir » sont issues du passé (de publications, d'études, de rapports, d'articles, etc.). Par exemple, estimer les probabilités qu'un projet franchisse les étapes des essais cliniques consiste à reprendre les valeurs moyennes consignées dans la littérature ou simplement celles qui sont « connues » par les acteurs. Dans son article[1], Liliana Doganova cite un consultant qui explique que les probabilités d'atteindre le marché sont de 60-80 % pour un médicament en phase III, 30 % pour un médicament en phase II, et 10 % pour un médicament en phase I. L'estimation du prix à accorder au projet de recherche s'appuie également sur des bases de données alimentées par d'autres projets de développement. Par exemple, pour des projets très précoces dont on ignore même l'indication, les consultants utilisent les ventes moyennes dans le domaine thérapeutique concerné. Un consultant, cité par Liliana Doganova, explique que s'il s'agit de la cancérologie, le pic de vente pris en compte s'élève à 500 millions de dollars. Ce système questionne quant à sa crédibilité à conférer une valeur à « l'incertitude ». De l'aveu même des consultants, les techniques varient, et personne n'arrive au même résultat. *In fine*, pour reprendre les termes dans lesquels Liliana Doganova résume les critiques qui sont adressées à cette technique de calcul, soit la DCF « ne peut pas calculer » l'incertitude, car elle place son utilisateur en territoire inconnu et l'amène à produire des projections qui, par définition, ne peuvent pas être vraies, soit elle la « calcule mal », car elle est basée sur des hypothèses peu pertinentes.

1. Liliana Doganova, « Que vaut une molécule ? Formulation de la valeur dans les projets de développement de nouveaux médicaments », *Revue d'anthropologie des connaissances* 1 (9), 2015, pp. 17-38.

Et pourtant, c'est sur la base des résultats de la DCF que les industriels choisissent d'investir, parfois considérablement, dans un candidat-médicament. Alors pourquoi, en dépit des critiques importantes qui lui sont faites, la DCF demeure-t-elle si répandue ? D'abord parce qu'elle est révélatrice de la vision financière avec laquelle les laboratoires pharmaceutiques conçoivent, encore aujourd'hui, leur contribution à la santé et parce qu'il s'agit aussi, probablement, d'un modèle institué que plus personne ne remet vraiment en question.

Pour Liliana Doganova, le problème réside surtout dans le fait que le taux d'actualisation de la DCF[1] est indexé sur les coûts du capital. Ces derniers sont très élevés dans le secteur pharmaceutique. « Les analyses montrent qu'ils se situent généralement entre 10 % et 20 %, variant en fonction de la position de l'entreprise dans le processus de développement (les start-up de biotechnologie appliquent ainsi des taux plus élevés que les groupes pharmaceutiques). Cela impacte *in fine* les mécanismes de fixation du prix du médicament. [...] On peut dès lors se poser la question de la définition du taux d'actualisation comme le coût du capital. Est-ce le bon critère ? Dans les analyses coûts-bénéfices des investissements publics, l'État utilise un taux d'actualisation “social” (*social discount rate* en anglais) dont le niveau est bien moins élevé car il traduit non pas le retour exigé par les actionnaires mais le prix relatif qu'une collectivité attache à son présent et à son avenir. Un taux d'actualisation plus faible signifie plus de valeur accordée au futur. Dans une perspective où des entreprises

1. Liliana Doganova, « Décompter le futur. La formule des flux actualisés et le manager-investisseur », *Sociétés contemporaines* n° 93 (1), 2014, pp. 67-87.

se doteraient d'une raison d'être sociale, qui ne soit plus uniquement celle de maximiser des profits pour les actionnaires, alors il serait possible de repenser les méthodes mêmes de calcul du taux d'actualisation, qui pourraient être indexées sur une finalité d'utilité sociétale. » Une version sociale de la DCF serait, en toute logique, au service du développement d'une économie pharmaceutique qui valorise l'utilité et la performance d'usage des médicaments. Nous verrons prochainement pourquoi cela pourrait attirer des investisseurs actifs.

Le rôle crucial des gouvernements

Le rôle des États dans le développement d'une économie de coopération et de fonctionnalité exige un changement de paradigme de leur politique de santé publique.

– D'un État « contrôleur » à un État « entrepreneur »

Le rôle premier des gouvernements est avant tout d'être garants du droit à la santé pour tous. Pour eux, le financement public de la santé (plus ou moins important selon les pays) justifie la gestion la plus efficiente de ses dépenses. Ceci n'est pas sans conséquence, car les gouvernements ont adopté, d'une manière générale, et en particulier en France, un rôle de « contrôleur, de régulateur et de payeur » de la « consommation » des soins et des biens médicaux. Il s'est ainsi progressivement construit un fond théorique politique qui veut que « l'intervention publique soit pensée comme une « dépense[1] ». En France, on parle de « poids » de la dépense publique dans le PIB, de « charges sociales »,

1. Philippe Batifoulier, Nicolas Da Silva et Jean-Paul Domin, *Économie de la santé*, Armand Colin, 2018.

de « déficits » des comptes publics[1]. Le gouvernement « n'investit » pas dans la recherche publique, mais il y « dépense » 0,82 % de son PIB (données 2017). Face à la crise de la Covid-19, il « n'investit pas » dans onze projets de recherche, mais il les « finance » à hauteur de 9 millions d'euros (communiqué de presse du 25 mars 2020). Alors que l'État cherche à acheter une valeur d'usage des médicaments et une utilité publique à leur commercialisation, il mesure cette dernière non pas en matière de valeur créée pour la société, mais en volume de dépense.

À cette conception de l'intervention publique s'oppose celle des entreprises, en particulier celles des laboratoires pharmaceutiques qui, eux, produisent et créent de la valeur. Personne ne qualifie l'industrie pharmaceutique par son niveau de dépense[2] ! L'économiste Philippe Batifoulier rappelle que si la Sécurité sociale se finance par des cotisations et des impôts, elle crée de la valeur, par exemple en organisant la délivrance des soins et en négociant avec différents acteurs dont les laboratoires pharmaceutiques : « La production publique doit être la contrepartie de la dépense publique et il devient souhaitable d'avoir une perception positive de l'intervention publique pour la santé. » Ces différences de conception de la santé nuisent en effet au dialogue entre les acteurs. Elles sont, selon le Leem, un frein à la construction d'une vision commune d'une industrie pharmaceutique française[3].

L'économiste Mariana Mazzucato parle d'une mission que devraient s'attribuer les gouvernements pour

1. *Ibid.*
2. *Ibid.*
3. Leem, « Benchmark européen des mesures d'attractivité de R&D et de production de médicaments à usage humain », 2017.

augmenter les investissements publics en R&D et améliorer les résultats en matière de santé publique[1]. Cette mission leur permettrait de coordonner et de financer, de façon durable, une recherche pharmaceutique axée sur « les besoins » et non plus uniquement sur « le marché »[2]. « C'est probablement l'une des valeurs ajoutées d'Unitaid », explique son directeur exécutif, le docteur Philippe Duneton. « Nous essayons de comprendre les besoins des gens et la recherche, et nous cherchons à marier les deux pour arriver à une transformation de la santé publique. La R&D doit être la conséquence de la stratégie qui doit être centrée sur l'accès, donc en lien avec les produits finaux. [...] L'un des enseignements de la crise de la Covid-19, en particulier pour les Européens, est que les gouvernements manquent de vision stratégique en matière de santé publique et d'accès. Il est en effet surprenant de constater qu'aujourd'hui il n'y a pas de connexion entre les budgets consacrés à l'innovation et les dépenses de santé publique des pays », complète Philippe Duneton. Il est, par ailleurs, montré que les pays sont plus enclins à agir ensemble en mutualisant leurs investissements dès lors qu'un objectif de santé publique est clairement défini. Ils investissent dans la recherche de « solutions » de santé en acceptant de partager les risques et les succès que sous-tend cette recherche, ils incarnent alors un rôle plus entrepreneurial.

– Une nécessaire coopération mondiale

À l'échelle internationale, ce rôle d'entrepreneur demande à être coordonné et amplifié !

1. Mariana Mazzucato *et al.*, « The people's prescription. », *op. cit.*
2. OMS, « Stratégie mondiale et plan d'action pour la santé publique, l'innovation et la propriété intellectuelle », 2020.

La gestion de la crise de la Covid-19 est révélatrice du besoin grandissant d'une coordination mondiale en matière de santé publique. S'il apparaît que les populations des pays du Nord et du Sud sont confrontées à des problèmes de santé différents, toutes les études montrent que ces défis convergent de plus en plus. Au-delà des maladies transmissibles qui par définition ne connaissent pas les frontières, quatre maladies non transmissibles, les cardiopathies, les cancers, le diabète et les maladies pulmonaires sont, selon l'OMS, responsables de 71 % de l'ensemble des décès dans le monde, dont 15 millions surviennent entre 30 et 70 ans. L'intensification du transfert des déterminants de ces maladies dites « de la civilisation »[1] (comme les pollutions) et les moyens de s'acquitter de cette responsabilité échappent donc de plus en plus au contrôle d'un État-nation en particulier[2]. Les investissements des États demandent à être à la hauteur des ambitions, et leur responsabilité est de pouvoir apporter une réponse collective. Se crée ici une « tension inhérente entre la réalité de la souveraineté nationale et l'impératif d'une action collective internationale pour gérer correctement l'interdépendance des enjeux de santé publique[3] ». La « querelle » entre l'UE et

1. Selon les données de l'OMS, les maladies non transmissibles sont les principales causes de mortalité à l'échelle mondiale : elles entraînent 41 millions de décès chaque année, dont 15 millions de décès prématurés (c'est-à-dire, survenant avant l'âge de 70 ans). Elles résultent d'une combinaison de facteurs génétiques, physiologiques, environnementaux et comportementaux (le tabagisme, la sédentarité, l'usage nocif de l'alcool et une mauvaise alimentation). L'OMS reconnaît aussi que la pollution atmosphérique constitue un facteur de risque grave pour ces maladies.

2. Julio Frenk et Suerie Moon, « Governance Challenges in Global Health », *The New England Journal of Medicine* 10 (368), 2013, pp. 936-942.

3. *Ibid.*

le Royaume-Uni au sujet de l'approvisionnement du vaccin d'AstraZeneca est un des nombreux exemples qui illustrent cette tension. « Les investissements des États visent souvent plus à soutenir la recherche et l'industrie nationale qu'à s'assurer que ces dernières répondent aux besoins du secteur public au niveau mondial. L'échec est d'abord politique », dénonçait, au début de la crise de la Covid-19, Joelle Tanguy, directrice des affaires extérieures de la DNDi.

Plus généralement, il faut reconnaître que les investissements des pays dans la R&D pharmaceutique sont très disparates. Les États-Unis sont, de loin, les plus gros investisseurs, suivis de l'UE et du Japon[1]. De nombreux pays bénéficient donc de ces investissements sans contribuer eux-mêmes. Cette situation, connue sous le nom de *free-riding*, n'encourage pas la coopération. C'est pourquoi nombreux sont les acteurs qui appellent à ce que les gouvernements et la communauté internationale élaborent « un nouveau paradigme économique » pour financer les enjeux de santé publique prioritaires et augmenter le niveau d'investissement public dans la R&D pharmaceutique. Le déploiement d'un « traité mondial » qui imposerait à tous les pays un pourcentage d'investissement en R&D est souvent plébiscité. Sur ce point, en abordant la gestion de la crise de la Covid-19 en équipe avec l'ensemble des pays membres, l'UE a un rôle de premier plan à jouer. Pour augmenter cet investissement, de nouvelles taxes indirectes appliquées à des domaines qui ont un impact négatif sur la santé des populations, tels que le tabac, l'alcool, le commerce

1. Rapport du Groupe de haut niveau du Secrétaire général des Nations unies sur l'accès aux médicaments, « Promouvoir l'innovation et l'accès aux technologies de la santé », *op. cit.*

des armes ou les voyages aériens ont, par ailleurs, été suggérées par le Groupe de haut niveau du secrétaire général des Nations unies sur l'accès aux médicaments. Cet investissement, en devenant conséquent, pourrait soutenir des « concours d'innovation », des appels à projets au service d'objectifs de santé prioritaires.

De son côté, l'Assemblée mondiale de la santé encourage les alliances et incite les États à « promouvoir des modes de développement collaboratifs des nouveautés thérapeutiques[1] ». Il y a donc un mouvement favorable au développement d'une économie pharmaceutique plus coopérative, ce qui devrait encourager la création d'autres coalitions telles qu'elles sont déployées aujourd'hui afin de traiter les besoins prioritaires en matière de santé, selon un modèle durable (aujourd'hui, elles sont trop disparates pour que cela soit le cas). Dans un modèle abouti, l'économie pharmaceutique pourrait prendre la forme d'un maillage de coalitions à l'échelle internationale, régionale, locale et territoriale, orientées vers la résolution de problématiques concernant la santé et ses déterminants. Elles seraient composées de programmes de recherche fondamentale, de portefeuilles de candidats-médicaments et, plus largement, de services associés. La mutualisation des investissements financiers et humains, publics, philanthropiques et privés au sein des coalitions permettra de diversifier les flux de revenus, les compétences, afin de mettre en cohérence la répartition de la valeur et du risque du premier concept d'un médicament au dernier de ses résidus, ce qui est « l'un des grands défis que doivent relever, dans les prochaines années, les acteurs de

1. Caroline Izambert, « La transparence du coût des médicaments, une mesure de santé publique ? », *op. cit.*

l'innovation pharmaceutique », pour reprendre les propos du docteur Eric Baseilhac. Pour porter cette ambition, les pays peuvent prendre appui sur les nombreuses approches collaboratives existantes (centres d'excellence en recherche, les plateformes de recherche collaborative comme le consortium Open Source Drug Discovery[1], les *clusters* industriels) et rassembler les acteurs autour d'objectifs de santé précis. Les protocoles de recherche seraient codécidés en fonction de ces derniers, élaborés et suivis avec tous les acteurs dont les associations de patients. Avec un tel modèle, le vaccin d'AstraZeneca aurait peut-être été testé plus largement chez les personnes de plus de 65 ans dès le départ…

Au sein de ces coalitions, et dans la continuité de ce que le modèle COVAX cherchait à faire, la coopétition[2] serait favorisée. Les concurrents peuvent être en compétition, mais pour mieux coopérer au service d'une même finalité sociétale et d'un futur désirable[3]. Les entreprises passent d'une logique de spécialisation/compétition à une logique d'ouverture/coopération. Dans ce contexte, et comme « le dilemme du prisonnier[4] » le démontre,

1. Les consortiums comme Open Source Drug Discovery permettent aux chercheurs de plusieurs disciplines et aux pays de travailler ensemble pour résoudre des problèmes complexes rencontrés au cours des recherches en amont.

2. La coopétition (mélange des mots « coopération » et « compétition/concurrence ») est une coopération entre des acteurs économiques qui sont des concurrents. Ces derniers peuvent être en concurrence sur certains aspects de leurs activités et coopérer sur d'autres.

3. Albert David et Nathalie Gimenes, « La “raison d'être” de l'entreprise rebat les cartes du jeu concurrentiel », *The Conversation*, 2020.

4. Le dilemme du prisonnier a été proposé par les mathématiciens Melvin Dresher et Merril M. Flood pour illustrer la théorie des jeux de John Forbes Nash (1951), selon laquelle la coopération se révèlerait plus efficace que la concurrence.

il apparaît préférable pour les laboratoires et pour les États de coopérer entre eux pour maximiser le bien-être de tous, dont le leur, plutôt que de rechercher la maximisation d'un profit individuel… Le fait que Sanofi puis Novartis acceptent de conditionner le vaccin de Pfizer, que Merck accepte de soutenir la production du vaccin de son concurrent historique Johnson & Johnson, prouve que cette idée de fond est réplicable.

– Un pilote au sein du GARDP

La question de la résistance aux antimicrobiens représente, comme nous l'avons vu, l'un des problèmes de santé publique les plus importants auquel le monde est confronté. Le Global Antibiotic Research and Development Partnership pourrait être pilote pour expérimenter un modèle à progrès partagé. Le GARDP réunit toutes les conditions favorables à cette expérimentation. C'est une organisation à but non lucrative, coordonnée par des acteurs institutionnels en capacité de piloter la durabilité des investissements de la recherche fondamentale à la mise à disposition des nouveaux antibiotiques, leur bon usage et une gestion efficiente de leur empreinte écologique. Afin d'apporter des solutions tangibles, de nouveaux modèles de R&D y sont à l'étude. Ce serait l'occasion d'explorer une version sociale de la DCF et certains dispositifs de dissociation comme la mise en œuvre de « concours innovation » et des récompenses au fur et à mesure du développement clinique. L'établissement des contrats entre les gouvernements, le milieu universitaire, le monde associatif et humanitaire, et le secteur privé (laboratoires pharmaceutiques, les entreprises de biotechnologie, les façonniers et autres acteurs de la chaîne) pourrait donc être défini dans le cadre d'un modèle de « rétribution/coordination » équitable et d'objectifs sanitaires, sociaux et écologiques collectifs de performance d'usage et d'utilité des futurs antibiotiques.

Une « véritable » Europe de la santé

Après un départ laborieux dans la gestion de la crise de la Covid-19, les pays membres de l'UE révèlent leur capacité à rester solidaires. La présidente de la Commission, Ursula von der Leyen, a annoncé, le 11 novembre 2020, la construction d'une « Europe de la santé » assortie d'un budget de 9,4 milliards d'euros[1] finançant, entre autres, la nouvelle stratégie pharmaceutique pour l'Europe sur sept ans. Les déficits croissants des budgets de santé, les défis sanitaires contemporains comme les menaces transfrontières sur la santé, les enjeux de l'accès aux traitements – ruptures de stock et prix des nouveaux médicaments – renforcent le besoin d'une réponse coordonnée. La subsidiarité, inscrite dans les traités européens depuis le traité de Maastricht[2], légitime l'intervention de l'Europe sur ces sujets. Dès le mois de mai 2020, le président Emmanuel Macron et la chancelière Angela Merkel rappelaient que cette Europe de la santé, qui n'avait jamais existé, devait désormais devenir une priorité.

1. Commission européenne, « Programme "L'UE pour la santé" (EU4Health) pour une Union plus saine et plus sûre », 2020.

2. La subsidiarité, inscrite dans les traités européens depuis le traité de Maastricht, signifie que si les effets ou les impératifs d'efficacité d'un sujet dépassent le cadre d'un État, alors l'Union européenne est légitimée à intervenir.

Une dynamique coopérative déjà engagée

Concernant le médicament, c'est en 2014 qu'une première étape est franchie par l'UE. Un accord définit pour la première fois le cadre d'achats communs, en particulier de vaccins, pour les États en volonté de se regrouper[1]. Dans son rapport de 2017, « Concilier accès, valeur et viabilité », l'OCDE prône le renforcement de la coopération entre les organismes payeurs et des initiatives internationales d'achats groupés de produits de santé. En France, le rapport sénatorial de 2019 sur les pénuries préconisait d'aller au-delà et que ces achats groupés puissent prendre en compte les grandes orientations de santé publique des États membres. En pleine crise de la Covid-19, des achats groupés européens ont pu être réalisés concernant des médicaments de soins intensifs.

Depuis 2015, les Pays-Bas, la Belgique, le Luxembourg, l'Autriche et l'Irlande, en réponse à l'envol du prix des nouveaux médicaments, se sont donné pour mission commune d'assurer un accès aux médicaments à des prix abordables. Cette initiative, Beneluxa[2], s'est renforcée en 2019. Le Danemark, la Norvège, le Portugal, la Suède et la Suisse l'ont rejointe pour former l'International Horizon Scanning Initiative et défendre les intérêts de plus de 74 millions de citoyens. De leur côté, depuis 2017, Chypre, la Grèce, l'Italie, Malte, l'Espagne, le Portugal, l'Irlande, la Roumanie, la Slovénie

---

1. Paola Testori Coggi, « L'achat groupé de vaccins et de médicaments devient une réalité dans l'UE », newsletter « Santé publique » de la Commision européenne, 2014.

2. Benelexa bénéficie, depuis sa création, du soutien de l'OCDE, de l'OMS et du réseau européen d'évaluation des technologies de la santé.

et la Croatie se rassemblent autour de la déclaration de La Valette L'initiative « Fair and Affordable Pricing » rassemble, depuis 2017, des pays d'Europe centrale et orientale, la République tchèque, la Hongrie, la Pologne et la Slovaquie sur un protocole d'accord.

Tous ces rapprochements ont pour ambition d'augmenter le pouvoir d'achat des pays et de peser dans les négociations du prix des médicaments onéreux par plus de transparence : les prix réels payés par les pays seront partagés afin de sortir de l'opacité du double prix, les résultats des essais cliniques ainsi que les données relatives à la propriété intellectuelle des produits de santé seront rendus publics. Pour Yannis Natsis, responsable à l'Alliance européenne pour la santé publique, « avec Beneluxa, la déclaration de La Valette et ce genre de projets, les gouvernements s'organisent. C'est leur réponse à la stratégie du "diviser pour mieux régner" mise en place depuis des années par les entreprises pharmaceutiques et le résultat direct des prix déraisonnables demandés par les fabricants de médicaments », estime-t-il[1].

La France envisage de rejoindre le mouvement depuis 2017, sans pour autant avoir franchi le pas. Et pourtant, pour le gouvernement, tenir compte du poids de la dépense de santé comme de celle du médicament est un impératif, et tout le système de santé est évalué à partir de ce critère[2].

1. Sarantis Michalopoulos, « Les pays européens se serrent les coudes sur les prix des médicaments », *Ouest-France*, 2018.

2. Pour information, en 2018, les médicaments représentaient 16,1 % de la consommation de soins et de biens médicaux, qui a été évaluée à 203,5 milliards d'euros, soit 8,6 % du PIB. Cela représente 3 037 euros par habitant en moyenne. Les soins hospitaliers en représentent 46,4 %, les soins de ville 27 %, et les autres dépenses, comme les transports sanitaires, l'optique etc., 10,4 %. Lucie Gonzalez, Jean-Cyprien Héam, Myriam Mikou et Carine Ferretti (dir.), « Les dépenses de santé en 2018, résultats des comptes de la santé », Drees, 2019.

Le modèle de régulation économique du médicament permet de financer l'arrivée des nouveaux traitements par des sources d'économie issues des baisses de prix, des déremboursements et de la baisse de la consommation globale. Ce système, appelé *round for innovation* fait que le financement de l'innovation se prévoit à travers une enveloppe budgétaire fermée, dans laquelle les produits les plus matures financent les plus innovants, le principe de fond étant de gérer les dépenses du médicament à budget constant. Selon le docteur Eric Baseilhac, directeur des affaires économiques du Leem, cette stratégie montre ses limites : « Le budget net que consacre la France au médicament n'a pas bougé depuis 2009. Paradoxalement, malgré le vieillissement de la population, la chronicisation des maladies et surtout l'arrivée de plusieurs vagues d'innovations, la France qui consacrait 15 % du budget de l'Assurance maladie au financement des médicaments en 2009 n'en consacre plus que 11,5 % aujourd'hui. Cette volonté de réguler le médicament dans une enveloppe fermée atteint ses limites dans les périodes d'innovation très dynamiques comme celles que nous traversons actuellement. C'est une situation préoccupante au moment où arrivent les thérapies géniques et cellulaires. » Il est par ailleurs particulièrement complexe dans le système de régulation annuel d'aujourd'hui (dans le cadre des lois de financement annuelles de la sécurité sociale), pour le gouvernement, d'anticiper les coûts que représenteront les futures innovations, malgré l'accord-cadre CEPS-Leem, qui rend obligatoire la réalisation d'une analyse d'impact budgétaire pour tout produit innovant[1]. De plus,

1. Ceux pourvus d'une ASMR de I à III et d'une ASMR IV sous certaines conditions.

un rapport de la DRESS de 2019[1] montre que le déremboursement d'un médicament conduit les laboratoires à en augmenter le prix de 39 % en moyenne sur une année, ce qui n'est évidemment pas sans conséquence pour les patients.

On mesure bien l'impasse dans laquelle se situe la France, ce qui devrait l'encourager à rejoindre le mouvement engagé par les autres pays européens. D'autant plus qu'avec le choc sanitaire de la Covid-19, le déficit de la Sécurité sociale devrait être de 27,1 milliards en 2021 et encore de 20 milliards en 2024[2] ! et que la coopération en matière de politiques de tarification et de remboursement pour un accès des médicaments à un prix abordable est, désormais, l'un des piliers de la nouvelle stratégie pharmaceutique européenne 2021-2027[3].

Une Europe visionnaire à la croisée des chemins

L'un des premiers enseignements de l'UE concernant sa gestion de la crise de la Covid-19 l'a conduite à proposer la création d'une nouvelle autorité, la Health Emergency Response Authority – HERA[4], pour mieux

1. « Le déremboursement entraîne une hausse immédiate des ventes des médicaments non remboursable », Études & Résultats 1107, Drees, 2019.

2. Ministère des Solidarités et de la Santé, « Projet de loi de financement de la sécurité sociale 2021 », 2020. Par ailleurs, le taux de progression de l'objectif national des dépenses d'assurance maladie, fixé à 2,3 % pour l'année 2020 (supposant la réalisation de plus de 4 milliards d'euros d'économies) a atteint 7,6 %.

3. Commission européenne, « Communication from the Commission to the European Parliament, the Council, the European Economic and Social Committee and the Committee of the Regions », 25 novembre 2020.

4. Sa constitution sera proposée d'ici la fin 2021, pour un déploiement en 2023.

préparer les États membres face aux menaces transfrontières émergentes en matière de santé. La Commission s'est inspirée du modèle de l'Autorité pour la recherche et le développement avancé dans le biomédical (BARDA) des États-Unis. Cette agence aura donc pour mission de nouer des partenariats public-privé avec l'industrie pharmaceutique, des start-up de biotechnologie, d'autres acteurs privés et les organismes de recherche, couvrant ainsi l'ensemble de la chaîne de valeur, de la conception à l'usage en vie réelle de solutions qualifiées de « bonnes mesures médicales adaptées » en cas d'urgence sanitaire. Ces contrats peuvent, au sein de la BARDA, aller jusqu'à 25 ans, afin de partager les risques durant toute la durée de l'élaboration de la solution. Entre 2007 et 2017, la BARDA a fourni et stocké 21 produits et élaboré, entre autres, le seul vaccin contre l'anthrax autorisé par la FDA[1]. Elle a par ailleurs révélé toute sa puissance dans la gestion de la crise de la Covid-19. L'économiste Mariana Mazzucato souligne cependant que la BARDA, fonctionnant dans le cadre de la législation américaine, permet au secteur privé d'acquérir la protection de la propriété intellectuelle des découvertes, ce qui pourrait entraver l'accès aux innovations futures. Un point sensible que l'UE devra intégrer dans son modèle pour être au rendez-vous de son ambition.

Dans sa nouvelle stratégie pharmaceutique, l'UE souhaite décloisonner les expertises et favoriser la collaboration entre les disciplines scientifiques en impliquant les régulateurs, les universités, les professionnels de la santé, les organisations de patients, les prestataires de soins de santé et les payeurs dès les premiers stades de la R&D, afin d'aligner les priorités de recherche sur les besoins

---

1. Mariana Mazzucato *et al.*, « The people's prescription. », *op. cit.*

des patients, en particulier sur les besoins médicaux non couverts, comme les cancers pédiatriques. Il semble donc que l'UE souhaite se doter d'une « véritable » mission de santé publique, qui lie la R&D à un résultat en vie réelle. Le choix des critères d'évaluation et de comparaison de candidats-médicaments et de leur suivi en vie réelle pourrait, dès lors, être codécidé avec l'ensemble des parties prenantes. Cette possibilité permettrait d'harmoniser progressivement les pratiques et les réglementations entre les pays, elle apporterait de la justice sociale et limiterait les tensions qu'il est possible d'observer dans le modèle actuel français, au moment de l'évaluation des médicaments.

La stratégie annoncée intègre les objectifs de développement durable de l'ONU. Au travers du *Green Deal* européen, elle incite le développement de solutions de santé « pollution zéro », c'est-à-dire qui tiennent compte de l'impact des substances pharmaceutiques sur l'environnement et des émissions de gaz à effet de serre tout au long de la chaîne de valeur. Au travers du cadre européen des droits sociaux, elle pousse à l'élaboration de solutions qui participent à la construction d'une « union plus égalitaire », et enfin, elle vient en support du projet « One Health » contre la résistance aux antimicrobiens.

L'une des ambitions phares du programme de l'UE pour la santé est de « faire en sorte que les médicaments, les dispositifs médicaux et les autres fournitures sanitaires essentielles soient disponibles et abordables pour les patients et les systèmes de santé ». Elle encourage la transparence des informations sur les prix et prend appui sur les initiatives engagées par les pays telle que l'International Horizon Scanning Initiative, qui se présente pour l'UE comme un moyen concret d'avancer vers plus de partages de données afin de permettre aux autorités de repérer et de sélectionner les innovations les plus prometteuses de manière très précoce, d'en évaluer leurs impacts en vie réelle et d'en réduire les déchets. Un système interconnecté qui donne l'accès à des données comparables et interopérables sur la santé dans toute l'UE serait un atout crucial en matière de recherche, de réglementation et de production de preuves. Des plateformes ouvertes pour contrôler la sécurité de certains produits tels que les vaccins sont aussi envisagées afin de compléter le dispositif actuel de la pharmacovigilance.

Avec l'ensemble de ces engagements, l'UE ouvre la voie et crée les conditions propices au développement d'une possible économie de coopération et de fonctionnalité qui permettrait aux États membres de partager une vision prospective commune de l'innovation pharmaceutique, de partager ensemble et avec tous les acteurs de la filière, les risques et l'incertitude des résultats qu'elle sous-tend, de mieux appréhender leur investissement et leur budget dans le temps. Ce sont des éléments favorables pour structurer des négociations équitables dans une volonté commune de bâtir des solutions de santé aux bénéfices des patients. L'UE pourrait lancer un pilote afin d'expérimenter ce modèle au sein de l'IMI, l'Initiative européenne pour les médicaments innovants, pour la recherche de solutions dans les cancers pédiatriques, puisqu'elle en a fait une de ses priorités. Cette expérimentation serait un réponse concrète aux nombreuses critiques qui sont faites à l'IMI sur son manque de mesures qui conditionneraient ses aides à un accès abordable aux produits finaux issus de la recherche.

Cette ambition exige cependant un soutien financier à la R&D pharmaceutique, qui soit à la hauteur des attentes. Comme le précise le docteur Philippe Duneton, « des investissements stratégiques en R&D pharmaceutique à l'échelle européenne pourraient déboucher sur un autre mode d'interaction avec l'industrie pharmaceutique. Si les États sont rassemblés et plus stratégiques, cela pourrait vraiment influencer le modèle de l'industrie pharmaceutique ». Pour donner un point de repère, « aux États-Unis, 82 % du capital des biotechs viennent des fonds nationaux », rappelle l'économiste Frédéric Bizard, dans une tribune du *Monde*, du 5 février 2021. C'est toute l'ambition de Généthon et d'Atlantic Gene Therapies, qui plaident pour un renforcement des investissements publics et la création d'une alliance partenariale publique-privée pour industrialiser la bioproduction des thérapies innovantes en France et en Europe. Ce « nouvel acteur industriel » pourrait, selon eux, agir dans une logique d'intérêt général[1]. Émerge ici une alternative très concrète au modèle industriel traditionnel, financiarisé, des grands laboratoires pour innover et produire des thérapies géniques. C'est important, car ce n'est ni la recherche fondamentale, ni le développement clinique qui pèsent le plus dans les thérapies géniques, mais les coûts de production et de distribution, comme le montre les vaccins à ARN messager.

Dans un modèle abouti, l'économie pharmaceutique pourrait prendre la forme d'un réseau de coalitions composées d'ONG, d'associations, de fondations et de « sociétés coopératives d'intérêt collectif ». Ces sociétés pourraient être des jeunes start-up de biotechnologie, des MedTech, des façonniers, des distributeurs en volonté de produire de manière solidaire et coordonnée de la santé. Dans une tribune du *Monde* de juin 2020, Jérôme Saddier, président de la chambre française de l'Économie sociale et solidaire en France, préconise

1. Généthon et Atlantic Gene Therapies, « Thérapies innovantes : réussir l'industrialisation », *op. cit.*

d'ailleurs ce type de sociétés coopératives pour structurer la relocalisation de la production de médicaments stratégiques en Europe. Des établissements pharmaceutiques européens à but non lucratif pourraient être créés pour les stocker. Une économie de coopération et de fonctionnalité est de fait au service de la construction d'une souveraineté sanitaire européenne.

L'Europe porte donc une vision, celle de passer d'une compétence communautaire d'appui à une compétence communautaire de production de solutions de santé et d'une régulation du progrès thérapeutique apporté aux populations. Mener cette transition dans le cadre d'une économie coopérative de fonctionnalité et de performance globale lui permettrait de sortir d'une logique d'analyse « coûts-bénéfices » inadaptée aux défis contemporains, et de passer à une logique d'analyse « co-bénéfices », qui valorise les effets concomitants économiques-sociaux-environnementaux-sanitaires positifs de l'action publique, comme le préconisent certains économistes dont Laurent Éloi dans sa tribune du *Monde* du 26 novembre 2020.

Des actionnaires actifs

L'accompagnement de cette transition ambitieuse pourrait bénéficier de la dynamique enclenchée par les acteurs qui œuvrent pour un actionnariat actif au service d'une finance durable. En tant qu'investisseurs spécialisés dans le secteur des soins de santé, en pleine crise de la Covid-19, les dirigeants de Legal & General Investment Management appellent leurs collègues investisseurs pharmaceutiques mondiaux à intensifier leurs interventions auprès des gouvernements et des entreprises pharmaceutiques afin que ces derniers adhèrent pleinement aux principes de collaboration et de solidarité. Selon l'investisseur, la R&D, la fabrication et la distribution de nouveaux médicaments et de nouveaux vaccins seront plus rapides et plus efficaces si les gouvernements et les sociétés pharmaceutiques travaillent en coopération et évitent une course à la concurrence fondée sur le nationalisme pharmaceutique[1] !

Attirer des actionnaires actifs

La place prédominante et croissante de gérants d'actifs tels que BlackRock, Vanguard et State Street dans le capital des grandes entreprises pose la question de leur intérêt réel au projet de ces dernières. C'est essentiel, car, comme le souligne le professeur en stratégie Bertrand Valiorgue, « ce sont eux qui font et imposent les tendances en matière de gouvernance et leur présence va s'accentuer dans des proportions significatives dans les années à venir[2] ».

Les différents scandales financiers durant la crise 2007 à 2010 les ont cependant conduits à s'impliquer davantage dans le suivi des pratiques des entreprises[3]. Les propos et les engagements récents du président de

1. Sacha Sadan, Damanio de Felice et Yo Takatsuki, « Global investors must support pharma solidarity and collaboration in the response to Covid-19 », *Stat*, 2020.

2. Bertrand Valiorgue, *La Raison d'être de l'entreprise*, Presses universitaires Blaise Pascal, 2021.

3. À cette fin, des codes de conduite ont été élaborés pour régir les relations entre les investisseurs et les entreprises dans lesquelles ils investissent. Le *Stewardship code* fut lancé au Royaume-Uni en 2010 et adopté par de nombreux pays. Au Japon, par exemple, le Government Pension Investment Fund (GPIF), considéré comme le plus gros fonds de pension de la planète, exige que ses gérants d'actifs signent le *Stewardship Code* japonais.

BlackRock, Larry Fink, rendent compte de ces changements de pratique. Ce dernier a annoncé un certain nombre d'initiatives visant à placer la durabilité au centre des approches d'investissement[1]. Cette finance durable repose sur une vision éthique à long terme de l'investissement financier et cherche à concilier performance économique, impacts sociaux et environnementaux positifs, en finançant des entreprises engagées. C'est dans cet esprit que la société RAM AI, un gérant d'actifs basé à Genève, a lancé, en juillet 2020, un fond d'actions durables en faveur de la transition climatique[2]. La finance durable apporte une réponse juste à la dérive du capitalisme actionnarial, sans renoncer au capitalisme lui-même, ce qui semble être une solution acceptable pour l'ensemble des acteurs. L'actionnariat actif « pousse » les entreprises à être claires sur le rôle qu'elles souhaitent jouer dans la société, sur l'impact social et écologique de leurs activités et, en somme, sur leur contribution à la construction d'un futur souhaitable pour le bien de tous.

Le pilotage et la publication d'informations extra-financières environnementales, sociales et de gouvernance (ESG) deviennent clés. Les rapports dits « intégrés » permettent aux entreprises de rendre compte de leurs performances financières et extrafinancières, de décrire leurs projets à long terme et l'impact social, sanitaire et/ou écologique qu'elles poursuivent. Sanofi, Novo Nordisk, Aspen Pharmacare, Bayer et Omron ont déjà publié ce type de rapport.

---

1. Larry Fink, « A Fundamental Reshaping of Finance », *op. cit.*

2. Business Wire, « RAM AI lance un Fonds d'actions durables permettant de participer à la transition climatique, en intégrant de nombreuses données ESG grâce à son infrastructure basée sur le Machine Learning », 2020.

Une étude d'Ernst & Young de 2018 révèle un consensus mondial sur le fait que les informations ESG sont désormais essentielles à la prise de décision des investisseurs[1]. Reste cependant à stabiliser les données susceptibles d'être les plus pertinentes, pour donner la possibilité aux entreprises de démontrer, de manière significative et crédible, les progrès qu'elles réalisent en matière de durabilité. Cet enjeu demande que soit poursuivi un travail de co-construction entre les pouvoirs publics, les groupes industriels et les investisseurs. C'est l'une des ambitions portées par l'International Business Council[2], qui, à la suite de la conférence de Davos 2020, souhaite identifier les indicateurs ESG les plus importants à piloter, de manière cohérente, dans les rapports annuels des entreprises, dans tous les secteurs industriels et dans tous les pays.

De son côté, le Parlement européen a adopté un système de classification, une taxonomie, à l'échelle de l'UE, pour qualifier des projets et des activités économiques qui ont un impact positif important sur le climat et l'environnement. Cette démarche s'inscrit dans les actions mises en œuvre par l'UE pour être au rendez-vous de l'accord de Paris et parvenir à la neutralité carbone d'ici 2050.

Dans l'objectif d'inciter les laboratoires pharmaceutiques à endosser un rôle de partenaires de santé publique, et d'encourager le développement d'une économie de la performance globale, on voit bien l'importance d'attirer des investisseurs qui souhaitent participer à la

---

1. Ernst & Young, « Does your nonfinancial reporting tell your value creation story ? », 2018.

2. L'International Business Council (IBC) est une organisation mondiale qui s'engage au développement d'une économie plus durable.

coproduction de solutions de santé à impact positif pour la société et l'environnement. Il s'agit dès lors de définir les critères ESG les plus pertinents, comme la contribution à l'accès et la réduction de l'empreinte écologique des médicaments. Au sein de la nouvelle Europe de la santé, la construction d'un indice à l'instar de *l'Access to Medicine Index* permettrait aux entreprises pharmaceutiques les plus engagées et les plus vertueuses d'être identifiées plus facilement par un actionnariat actif. Cet index pourrait, par ailleurs, être un critère déterminant pour intégrer des coalitions à impact et négocier de meilleures rétributions. Néanmoins, et comme l'économiste Patrick Artus le souligne dans le journal *Le Monde*, du 7 novembre 2020, si les entreprises peuvent chercher à améliorer leurs performances environnementales et sociales, « rien de majeur ne changera si le rendement exigé du capital reste aussi élevé ». Un modèle à progrès partagé incite les acteurs à négocier des rendements acceptables et durables. Les gestionnaires d'actifs ont ici un rôle décisif à jouer pour réduire la pression sur les entreprises sur ce sujet et abaisser à un niveau raisonnable le rendement des fonds propres pour les actionnaires.

L'émission de social bonds, *Novartis ouvrirait-il la voie ?*

La transition vers une économie de coopération et de fonctionnalité demande d'innover en matière de financement des investissements. À cette fin, une solution pour financer la mission de partenaires de santé publique des laboratoires pharmaceutiques peut être l'émission de *social bonds* et de *green bonds*. Ces emprunts obligataires, émis sur les marchés financiers, ont pour objectif de financer des projets sociétaux et/ou environnementaux. Danone fut la première entreprise internationale à émettre des *social bonds* afin de financer sa mission : « apporter la santé par l'alimentation au plus grand nombre ». En 2018, le groupe a levé 300 millions d'euros à 7 ans[1]. La firme affirme affecter ces fonds pour 40 % à la recherche sur la nutrition, 20 % à l'aide au développement d'une agriculture responsable, 25 % à l'émancipation des populations. L'entreprise a adopté les *Social Bonds Principles*, qui nécessitent d'identifier avec précision les actions à financer tant en matière de domaines (nutrition, santé, ressources humaines, etc.) qu'en matière de population visée, et a fait valider sa démarche par l'agence de notation Vigeo Eiris[2].

C'est en septembre 2020 que Novartis annonçait lancer la première obligation liée au développement durable du secteur de la santé[3]. Le groupe dit vouloir réaffirmer son engagement en faveur de l'accès aux médicaments et sa volonté de relever les défis sanitaires mondiaux en fixant le prix de cette obligation à 1,85 milliard d'euros. Vasant Narasimhan, le CEO de Novartis, explique que l'intégration des ESG au cœur des activités de l'entreprise est une étape importante dans sa démarche de responsabilisation. Cette obligation intègre des objectifs de gouvernance sociale et environnementale. La firme s'engage à augmenter de 200 % le nombre de patients bénéficiant de thérapies innovantes stratégiques définies par l'OMS, dans les pays à faible et moyen revenus, et de 50 % celui des programmes phares de Novartis. Elle vise la neutralité carbone totale de l'ensemble de la chaîne

1. Guillaume Benoît, « Danone réalise la première émission d'un "social bond" par une entreprise », *Les Échos*, 2018.

2. Vigeo Eiris est une agence internationale de recherche et services ESG à destination des investisseurs et des organisations.

3. Novartis, « Novartis reinforces commitment to patient access, pricing a EUR 1.85 billion sustainability-linked bond », septembre 2020.

d'approvisionnement à l'horizon 2030 et s'engage à communiquer, de manière transparente, les progrès réalisés. Le groupe souligne cependant que ces déclarations prévisionnelles sont soumises à des risques et des incertitudes importants et qu'il ne peut y avoir aucune garantie que les activités et les efforts décrits soient couronnés de succès et que Novartis puisse atteindre ses objectifs d'accès en 2025. Ces incertitudes pointent du doigt les décisions des politiques de santé publique, en particulier, qui seront prises, et confirment, s'il était besoin de le confirmer, le besoin de plus de coopération public-privé.

Des Pay-for-Success-Bonds *pour financer les projets des coalitions*

Des *Social Impact Bonds* et/ou des *Green Impact Bonds,* autrement appelés *Pay-for-Success-Bonds*, pourraient venir en soutien des coalitions. Ces dispositifs permettent à des investisseurs privés de financer des projets d'associations, d'ONG ou d'entreprises sociales, à travers des obligations émises par la puissance publique. Ce sont des modalités de financement qui, en reposant sur le paiement aux résultats, pourraient être utiles à explorer par les acteurs, dans la mesure où l'impact sociétal produit par les coalitions de santé semble facilement quantifiable : accès aux traitements, diminution du nombre de patients, etc. Cet impact permettrait aux États de faire des économies grâce, notamment, à la diminution des hospitalisations et le retour à l'emploi de patients. La Ministre Olivia Grégoire, secrétaire d'État chargée de l'Économie sociale, solidaire et responsable, a récemment relancé, en France, le dispositif des contrats à impact. Dans un cadre européen, les États membres pourraient ainsi structurer le lancement de coalitions de santé stratégiques au travers d'appels à projet à impact et mettre la finance au service d'une économie pharmaceutique coopérative, sociale et solidaire. Cette économie mobilise davantage des investisseurs actifs, qui recherchent moins la rentabilité que l'impact social final[1]. Ne serait-ce pas avec ces acteurs de la finance durable qu'une nouvelle formule de la *discounted cash flow* pourrait prendre corps ? Une DCF sociale dont le taux d'actualisation serait indexé sur une finalité d'utilité sociétale ? Ce dernier serait plus faible, signifiant que les industriels et les investisseurs accorderaient plus de valeur à l'impact sanitaire et sociétal positif produit dans le futur.

Des patients engagés

Une économie pharmaceutique coopérative et de la fonctionnalité ouvre également une réflexion nouvelle pour appréhender l'innovation au travers du mode de vie des patients, de la prévention et de la médecine personnalisée. Si l'implication des professionnels de santé dans la production de solutions a toujours été une réalité, et considérée comme indispensable, celle des patients a cependant, régulièrement, suscité des débats. Ce rôle du patient engagé s'inscrit dans la dynamique des actions qui sont menées, depuis plusieurs années maintenant, pour organiser plus de démocratie sanitaire.

Du patient acteur au patient engagé

Le rôle du patient acteur au sein des systèmes de santé fait l'objet d'attention et de reconsidération régulières. En lançant, dès 2004, son programme *Patients*

1. Pour aller plus loin, lire le rapport du Comité français sur l'investissement à impact social (2014), présidé par Hugues Sibille.

for Patient Safety, l'OMS souhaitait faire entendre la voix des patients et, au-delà, que ces derniers puissent être responsabilisés et « travailler » main dans la main avec les professionnels de santé. Il s'agit de valoriser une expertise plus profane, basée sur des savoirs « expérientiels »[1] : « Nous (patients) envisageons notre rôle avec un sens profond des responsabilités et avec le désir d'aider à créer un système de soins de santé sans risque, digne de ce nom et capable de comprendre les patients tout comme le personnel soignant. Nous sommes ici pour mettre au défi les services de soins d'être véritablement centrés sur les patients.[2] »

En France, ce rôle du patient se traduit en particulier par une représentation des patients-usagers au sein des conseils d'administration des établissements hospitaliers et des conseils de surveillance des agences régionales de santé. Ils ont ainsi compétence pour approuver les budgets et les comptes financiers des agences et émettre un avis sur les plans stratégiques régionaux de santé. La démocratie sanitaire[3] s'est donc peu à peu propa-

1. Jean-Paul Domin, « De la démocratie sociale à la démocratie sanitaire : une évolution paradigmatique ? », *Les Tribunes de la santé* 5 (n° HS 3), 2014, pp. 21 à 29.

2. OMS, « Pourquoi l'engagement des patients est-il devenu une priorité ? », 2020,

3. Le concept de « démocratie sanitaire » a été consacré par la loi du 4 mars 2002, relative aux droits des malades et à la qualité du système de santé et se traduit par un ensemble de mesures garantissant la participation individuelle et collective des usagers » (Domin, 2014, p. 22). Selon Tabuteau (2013, p. 915) « l'expression “démocratie sanitaire” tend à avoir une acception beaucoup plus large. Elle identifie de plus en plus souvent les processus de réflexion, de concertation et de décision espérés ou revendiqués pour l'élaboration de la politique de santé. L'exigence de démocratie sanitaire symbolise alors les enjeux politiques, sociaux, associatifs et individuels qui s'attachent à l'organisation de la protection de la santé dans une société démocratique moderne ».

gée dans le champ politique[1]. Elle peut ainsi devenir un antidote à l'incertitude par le développement d'un dialogue ouvert et public entre l'ensemble des parties prenantes. En partageant des informations de manière active et ouverte, les acteurs sont en mesure de produire, collectivement, de nouvelles connaissances et de nouveaux savoirs. Cet apprentissage collectif constitue la base du concept d'*evidence-based activism*[2] et devient clé dans un modèle à progrès partagé et une économie pharmaceutique qui valorise l'utilité et la performance d'usage des médicaments/vaccins. Cet « activisme » permet en effet la coproduction en continu de « preuves » et demande à être partie intégrante de l'organisation contemporaine de l'offre de soins et de la recherche médicale et thérapeutique, qui cherche à être plus équitable et plus écologique. Cette évolution offre donc la possibilité au patient de prendre des décisions dans l'univers risqué de la médecine, du soin et de la recherche. Il participe à la performance d'usage des produits et des services par plus de connaissance, d'observance, mais aussi en réduisant le gaspillage et en s'impliquant dans le recyclage des produits. Il est acteur de sa guérison (*empowerment*) et renonce, en quelque sorte, à la définition étymologique du patient qui veut que ce soit celui qui souffre, un être passif et résigné face au médecin et à la science[3]. Ce rôle d'acteur engagé sera d'autant plus déterminant dans

1. Jean-Paul Domin, « De la démocratie sociale à la démocratie sanitaire : une évolution paradigmatique ? », *op. cit.*

2. Vololona Rabeharisoa, Tiago Moreira et Madeleine Akrich, « Evidence-based activism: Patients' organisations, users' and activist's groups in knowledge society », *BioSocieties* 9 (2), 2014.

3. Jean-Paul Domin, « De la démocratie sociale à la démocratie sanitaire : une évolution paradigmatique ? », *op. cit.*

l'avenir, où les thérapies innovantes pourraient demander à être finalisées et stabilisées sur le lieu du soin, autrement dit au domicile des patients.

Toute une économie s'est organisée, depuis quelques années, autour de l'éducation thérapeutique, pour aider les patients à développer leurs responsabilités et les éclairer dans leurs prises de décision en matière de santé. En parallèle, comme évoqué, de nombreux e-outils se sont déployés pour structurer sa contribution à la formation de la connaissance et du savoir. Des PREMs et PROMs – *Patient-reported experience measures* et *Patient-reported outcomes measures* – et de multiples applications de santé permettent de collecter différents types de données en vie réelle. Si, comme nous l'avons évoqué, l'e-santé suscite des craintes et des réserves quant à la sécurisation des données personnelles et à la fiabilité des mesures, les perspectives de son usage par les patients apparaissent utiles alors même que l'on sait que 40 % des cancers ont des causes comportementales identifiables. Un patient engagé qui partage ses données de santé en vie réelle permet un meilleur suivi de ses facteurs de risque, de l'efficacité de ses traitements et donne la possibilité de mieux comprendre les mécanismes biologiques et immunitaires d'une maladie et du lien qu'elle entretient avec les déterminants sociaux et environnementaux. Les patients sont ainsi liés à l'écosystème de la recherche. C'est dans cet esprit que travaille la société Bio-Modeling Systems, dirigée par Manuel Gea. L'enjeu sociétal et médical qui réunit Bio-Modeling Systems et l'Association française du syndrome de fatigue chronique de patients est de pouvoir produire une solution de santé utile aux patients souffrant du syndrome de fatigue chronique[1], qui touche des millions de patients dans le monde, dont ceux atteints de forme longue de la maladie Covid-19. Manuel Gea explique que « cette collaboration a permis de développer une solution de santé construite sur une compréhension des mécanismes pathologiques de la maladie. Elle intègre des outils de diagnostic (questionnaires et biologiques), un traitement personnalisable et un suivi longitudinal des patients et du traitement. La pathologie est suivie et contrôlée sur le long court par le patient lui-même et son médecin. C'est une médecine personnalisée dont la solution s'adapte aux patients. Cette co-construction a permis à l'Association française du syndrome de fatigue chronique de devenir une association dynamique, à la pointe de la recherche thérapeutique sur le syndrome de fatigue chronique. Bio-Modeling Systems a pu développer en un temps record une solution thérapeutique adaptée à la maladie et au vécu des patients en travaillant dès le début avec une scientifique malade, en mesure de faire le lien entre notre modèle pathologique et la solution thérapeutique en vie réelle. Compte tenu de sa contribution spécifique à la co-construction de la solution de santé, il lui est proposé naturellement d'être co-inventrice du brevet ». Dans ce modèle, non seulement le patient coproduit la solution, mais en plus, il en devient pour partie le détenteur !

---

1. Ce syndrome est mal défini, car il peut avoir plusieurs causes et peut prendre plusieurs formes. Le syndrome de fatigue chronique peut se manifester à la suite de différentes pathologies qui perturbent le système immunitaire comme la Covid-19 ou des pathologies inflammatoires chroniques, c'est pourquoi il est difficile de le reconnaître et de le traiter. Il n'y a, à ce jour, aucun traitement efficace reconnu.

Des associations et des ONG, coproductrices de solutions de santé

Les associations de patients sont le lieu privilégié pour structurer la contribution des patients à la production des connaissances des maladies. Historiquement fondées pour apporter un soutien aux malades et à leur famille, elles sont aujourd'hui une part constituante de la démocratie sanitaire et souhaitent de plus en plus se professionnaliser afin de peser davantage dans le débat public et dans la transformation des systèmes de santé. Des patients « experts » apportent des formations, promulguent des conseils et organisent le partage d'expériences entre les malades.

Certaines d'entre elles, déjà professionnalisées et puissantes, investissent dans la recherche, participent à l'élaboration de protocoles d'essais cliniques et thérapeutiques et déposent des brevets. Elles se comportent comme des entreprises à but non lucratif et, comme de nombreuses ONG, sont aujourd'hui des acteurs incontournables qui contribuent à la production de la santé publique. L'une des plus connue en France est l'AFM-Téléthon qui, pour mener son combat contre les maladies génétiques, rares et lourdement invalidantes, a créé trois laboratoires de recherche regroupés au sein de son Institut de biothérapie. Avec un budget de 18,4 millions d'euros financé pour un quart par le Téléthon, cet institut rassemble plus de 500 chercheurs, techniciens, médecins, ingénieurs et autres spécialistes. Son modèle permet de couvrir la recherche fondamentale jusqu'à la mise à disposition des traitements pour les malades. L'association mène une stratégie d'intérêt général. Comme évoqué, se développe ici une alternative au modèle industriel traditionnel, financiarisé, des grands laboratoires pour innover et produire des thérapeutiques. Si les ONG, les fondations comme celle de Bill & Melinda Gates et les associations se rassemblent de plus en plus en coalitions, que les institutions publiques, les banques et les États s'engagent financièrement auprès d'elles d'une manière significative, que des entreprises de biotechnologie, des MedTech et d'autres acteurs décident d'intégrer ce type de modèle économique plus social et solidaire, alors dans l'avenir le rôle indispensable des grands groupes pharmaceutiques ne sera-t-il pas remis en cause ?

Une gouvernance contributive

C'est grâce à leur gouvernance que les laboratoires pharmaceutiques prendront conscience des enjeux actuels et engageront le changement nécessaire pour œuvrer désormais en harmonie avec la société et l'environnement.

Des dirigeants engagés

Des prises de position sans équivoque sont désormais nécessaires de la part des leaders du secteur pharmaceutique. Ces derniers doivent par exemple condamner fermement les comportements et déclarations de dirigeants comme Martin Shkreli ou J. Michael Pearson[1] que nous

1. Pour information, Martin Shkreli a depuis été condamné en 2018 à sept ans de prison pour fraude, une condamnation sans lien avec ses activités dans l'industrie pharmaceutique. Quant à J. Michael Pearson, après avoir prononcé quelques regrets par rapport aux hausses de prix pratiquées, a été remplacé en 2016 à la tête de l'entreprise Valeant pharmaceuticals.

avons évoqués, mais aussi les pratiques déviantes de certains grands groupes. Le secteur alimentaire a entamé sa transformation sous l'impulsion d'un leader emblématique comme Emmanuel Faber. Il doit en être de même pour l'industrie pharmaceutique !

Il s'agit d'aller dans le sens d'une plus grande transparence, de la modération des pratiques et du « train de vie » des entreprises. Ce sont des éléments importants qui renforcent la confiance entre les partenaires. Au sein d'une gouvernance contributive, la question de la répartition de la valeur est essentielle. Alors, quand l'ancien PDG de Danone, Emmanuel Faber décide de ne plus bénéficier du régime de retraite des cadres, mais de celui des salariés, et de renoncer à l'indemnité de non-concurrence en cas de départ – un total potentiel de 28 millions d'euros[1] –, il exprime certes ses convictions profondes sur le sujet, mais il agit aussi au nom de la responsabilité sociale de son entreprise. Nul besoin de préciser en quoi ce type de comportement participe à créer un climat de confiance au sein de l'entreprise et de la société au sens large.

Le dispositif *say on pay*, mis au point au Royaume-Uni en 2002, déployé aux États-Unis en 2011, puis en France en 2013, cherche à agir sur le niveau de rémunération des dirigeants par un vote des actionnaires lors des assemblées générales. Une étude récente d'Ernst & Young montre cependant qu'il est rare que soient rejetées les résolutions concernant la rémunération des dirigeants. C'est pourquoi ce sont avant tout des convictions personnelles qui doivent animer ces derniers, pour que ces dispositifs et ces pratiques changent vraiment. Les

---

1. « Devant les actionnaires de Danone, le PDG dénonce "l'insoutenable concentration de la richesse dans le monde" », *Le Monde*, 2019.

dirigeants que nous avons évoqués, qui ont profité des hausses des cours de la bourse pour s'enrichir personnellement, suite à l'annonce du soutien financier des États ou d'une « possible » future mise sur le marché de leur vaccin, pourraient surprendre tout le monde en redistribuant une partie des sommes perçues ! Même si ces pratiques n'ont rien d'illégal, ils ont là une occasion unique de montrer que les mentalités peuvent changer et encourager tout un secteur à renoncer à ce que Emmanuel Macron appelle un « capitalisme fou », « qui profite de plus en plus à quelques-uns[1] » !

L'industrie pharmaceutique a besoin de leaders qui incarnent ces valeurs d'humanité. Elle a besoin de renouer avec son histoire et la vision de ses fondateurs, celle, par exemple, du docteur Paul Janssen qui, en 1953, créait Janssen Pharmaceutica parce que « nombre de maladies sont encore sans remède, à nous de développer le bon médicament » ; ou celle de George W. Merck, le fondateur de Merck & Co, qui déclarait, en 1950 : « Nous essayons de ne jamais oublier que les médicaments sont pour les patients, et non pour les profits. Ceux-ci suivront, et si nous respectons ce principe, ils seront toujours là. »

Deux décisions que pourraient prendre rapidement l'ensemble des grands patrons pour démontrer leur volonté d'incarner un rôle de partenaires de santé publique seraient :

1. de conditionner, de manière très significative, au minimum 40 %, leur rémunération variable et celle des dirigeants des filiales et des managers sur des critères précis de performance extrafinancière sociale et

1. Propos tenus devant l'Organisation internationale du travail en juin 2019.

écologique. Les travaux récents du *think tank* Entreprise et Progrès[1] montrent que si cette mesure est prise, alors la reconnaissance par le marché de la performance extra financière de l'entreprise passe du simple au double. Il s'agit ici de renforcer et d'élargir les initiatives engagées récemment sur ce sujet par certains groupes comme GSK, Novartis, Johnson & Johnson, Novo Nordisk, Bayer, Sanofi et Ipsen. Les laboratoires doivent cependant être plus transparents sur les objectifs de RSE à atteindre pour prétendre à cette rémunération ;

2. de stopper les primes variables indexées sur des volumes de vente de médicaments délivrés sur prescriptions médicales et remboursés par les systèmes nationaux de santé. C'est une manière simple et sans équivoque de ne plus relier les activités de promotion au besoin de prescriptions et de mettre fin à un modèle consumériste de médicaments. Tous les collaborateurs du secteur doivent être guidés par une seule et même finalité, celle d'apporter des médicaments efficaces et sûrs aux patients qui en ont besoin. Des modèles de primes qualitatives et collectives sont à imaginer pour fédérer les équipes autour d'une valorisation du « bon usage » du médicament. Certains laboratoires, comme GSK ou Astellas, ont ouvert la voie. Les entreprises pourraient par ailleurs déployer davantage l'actionnariat salarié. Si certaines ont déjà franchi le pas, il

1. « Depuis 50 ans, Entreprise et Progrès cherche à transformer ensemble la société pour allier responsabilité sociale, environnementale, et économique : en réunissant les dirigeants sensibles à la création de valeurs et pas seulement de la valeur actionnariale, en révélant au grand public ces dirigeants pionniers pour susciter l'envie de tous, en agissant auprès des leaders politiques et économiques pour que le changement accélère », site du think tank.

s'agit pour autant que puissent être concernés tous les salariés et pas uniquement ceux qui sont évalués comme les plus performants. Au-delà de récompenses, ouvrir le capital aux salariés, c'est agir pour un partage plus équitable de la valeur au sein des entreprises et c'est un rempart aux tentatives de prises de pouvoir de la part d'actionnaires activistes.

Des statuts d'entreprise adaptés

Des mouvements sont en cours. L'association Business Roundtable[1], qui réunit, aux États-Unis, les CEO des principales entreprises américaines, a redéfini, en 2019, la mission de l'entreprise en faveur d'une « économie au service de tous les Américains ». Deux leaders de l'industrie pharmaceutique sont membres actifs de l'association, Larry J. Merlo, de CVS Health, et Alex Gorsky, de Johnson & Johnson, qui déclarait : « Cet engagement reflète mieux la façon dont les entreprises peuvent et doivent fonctionner aujourd'hui dans l'amélioration de notre société [...]. Les CEO s'engagent réellement à répondre aux besoins de toutes les parties prenantes. » Les laboratoires Chiesi et Expanscience sont, eux, allés au-delà des déclarations d'intention et ont choisi d'être labélisés « B-Corp », label qui permet aux entreprises de rendre compte de leur engagement dans la construction d'un monde meilleur.

Ce mouvement s'inscrit dans le cadre plus large de la vague d'adoption de nouveaux statuts d'entreprise observée ces dernières années[2], comme les statuts de

1. C'est l'équivalent du Medef français.

2. Kevin Levillain, *Les entreprises à mission : Formes, modèle et implications d'un engagement collectif*, thèse de doctorat, 2015.

benefit corporation et de *social purpose corporation* aux États-Unis ou encore des fondations actionnaires[1] adoptées par certaines entreprises en Europe, dont l'institut Mérieux et les laboratoires Pierre Fabre.

En France, cette dynamique prend une nouvelle dimension avec la promulgation de la loi PACTE, en avril 2019. C'est un tournant important. Avec les modifications de l'article 1833 du Code civil, la RSE est désormais intégrée à la définition juridique d'une entreprise : la société n'est plus « constituée dans l'intérêt commun des associés [...] en vue d'en partager les bénéfices », elle est maintenant « gérée dans son intérêt social, en prenant en considération les enjeux sociaux et environnementaux de son activité ». Pour les entreprises qui souhaitent aller plus loin, les modifications de l'article 1835 leur permettent de « préciser une raison d'être, constituée des principes dont la société se dote et pour le respect desquels elle entend affecter des moyens dans la réalisation de son activité ». Avec l'article L. 210-10, elles peuvent également faire le choix de devenir « société à mission », c'est-à-dire « une société dotée d'une raison d'être au sens de l'article 1835 du Code civil dont les statuts définissent une mission qui assigne à la société la poursuite d'objectifs sociaux et environnementaux conformes à sa raison d'être ».

Le 26 juin 2020, les actionnaires de Danone ont voté, à une écrasante majorité (99,42 %), le fait que Danone devienne la première « société à mission »

1. Une fondation actionnaire correspond à une fondation à but non lucratif, propriétaire d'une entreprise industrielle ou commerciale. Elle possède la totalité ou une partie des actions et la majorité des droits de vote. C'est un mode de gouvernance particulièrement répandu au Danemark, en Suisse et en Allemagne.

française cotée en Bourse : le géant de l'agroalimentaire n'aura plus, juridiquement, pour seule raison d'être la performance économique et la recherche du profit, mais également celle « d'apporter la santé par l'alimentation au plus grand nombre ». On pourrait penser que cet engagement, en devenant opposable, est un frein aux votes des actionnaires. Bien au contraire, cet engagement « condamne » en quelque sorte l'entreprise à innover, gage d'une performance à long terme. Se transformer en « société à mission » dotée d'une raison d'être implique donc de réelles transformations au cœur de la proposition de valeur et du modèle d'affaires. C'est un signal fort envoyé aux parties prenantes, qui exprime la volonté de l'entreprise de participer à la construction d'un monde meilleur. Dans sa lettre envoyée aux entreprises dans lesquelles il détient des participations, Larry Fink invite ces dernières à avoir une « raison d'être » claire, à partager une vision à long terme porteuse de sens, à apporter une contribution positive à la société. Selon lui, « les attentes du grand public envers les entreprises n'ont jamais été aussi grandes. La société exige que les entreprises, à la fois publiques et privées, se mettent au service du bien commun[1] ». Dans les faits, cet engagement pour un capitalisme plus social et plus vert ne se déroule cependant pas sans obstacles. Emmanuel Faber en subit les conséquences. En pleine crise de la Covid-19, huit mois après le vote des actionnaires, les fonds activistes Bluebell Capital et Artisan Partners lui mettent la pression pour plus de profits à court terme, le contraignant à quitter ses fonctions.

1. Larry Fink, « A Fundamental Reshaping of Finance », *op. cit.*

Des conseils d'administration garants de la pérennité des entreprises

Le rôle des conseils d'administration pour contrecarrer d'éventuelles offensives d'actionnaires activistes est clé. Dans un modèle d'entreprise responsable et contributive, ils sont incités à assumer pleinement leur rôle, celui du gardien du projet de l'entreprise et de la pérennité de ses activités. De nombreux codes ont été élaborés pour guider les entreprises au respect de principes fondamentaux d'une gouvernance responsable. Par exemple, en France, le code AFEP-Medef, qui sert de référence aux firmes cotées, est le plus utilisé. Ces dernières années, l'indépendance des membres des conseils d'administration et leur diversité ont été particulièrement encouragées, car elles sont gages de plus d'éthique et de performance. Le renforcement du nombre d'administrateurs salariés dans les conseils d'administration est encouragé. Les salariés « apportent une contribution précieuse par leur compréhension de l'intérieur, leur connaissance des métiers, de l'histoire de l'entreprise et par leur attachement à sa continuité. La recherche économique montre que cette présence a un impact positif sur l'innovation[1] ». Cet effet sera d'autant plus important si le salarié est actionnaire de l'entreprise. Aux États-Unis, la sénatrice Elizabeth Warren, dans le cadre du projet de loi « Accountable Capitalism Act », plaide pour qu'une société dont le chiffre d'affaires dépasse un milliard de dollars s'engage, au travers d'une charte fédérale, à limiter les rachats d'actions, à tenir compte des intérêts publics de toutes les parties prenantes, en

1. Nicole Notat et Jean-Dominique Senard « L'entreprise, objet d'intérêt collectif », rapport ministériel, 2018.

assurant qu'au moins 40 % des membres du conseil d'administration soient élus par les employés[1]. Une telle gouvernance dans le secteur pharmaceutique aiderait à relier « innovation, accès, écologie » et performance globale des laboratoires à moyen et long terme.

Une raison d'être pour « inventer » la santé de demain

Questionner « l'identité de l'entreprise », sa raison d'être, conduit à questionner l'identité des produits et des services, autrement dit l'innovation. Rapprocher « l'innovation » de « l'identité de l'entreprise » doit nous rappeler que l'entreprise moderne est née à la fin du XIXe siècle pour justement « organiser [collectivement] l'activité inventive et domestiquer l'innovation[2] ». Concrètement, en choisissant d'adopter un rôle de partenaire de santé publique, l'industrie pharmaceutique s'ouvre à un champ du possible inexploré. Être un partenaire de santé la légitime, par exemple, à œuvrer auprès d'acteurs publics privés impliqués dans la prévention pour aider les populations à rester en bonne santé durant toute leur vie. Les maladies du XXIe siècle, nous l'avons dit, sont, et seront, de plus en plus des maladies dites « de civilisation », c'est-à-dire liées aux modes de vie, à l'alimentation, à la sédentarité, au stress, au manque d'éducation, à la pollution, au dérèglement climatique, etc. Produire de la santé publique dans la société du XXIe siècle ne consiste donc plus seulement à lutter contre la maladie en apportant des thérapies efficaces et bien tolérées, bien que ce soit essentiel, mais aussi à prévenir les risques et à intervenir sur tout le

1. Mariana Mazzucato *et al.*, « The people's prescription. », *op. cit.*
2. Blanche Segrestin et Samuel Hatchuel, *Refonder l'entreprise*, *op. cit.*

parcours de vie des individus en ciblant l'ensemble de ses déterminants sociaux, culturels ou écologiques. Sur ces sujets, les pouvoirs publics sont très actifs, et de nombreux acteurs, comme les secteurs alimentaire, de la santé animale, l'agriculture, l'éducation, le sport, le monde du bien-être et du « mieux manger », ont pour raison d'être et pour mission d'agir pour maintenir le plus longtemps possible les personnes en bonne santé et prévenir les maladies. Nous avons évoqué la mission de Danone, qui œuvre pour « apporter la santé par l'alimentation au plus grand nombre ». En adoptant des raisons d'être convergentes, il est possible d'imaginer l'émergence de rapprochements industriels inédits afin d'élaborer des solutions par une approche globale et holistique de la santé et du concept « One Health ».

On peut imaginer que s'organise une économie de coopération et de fonctionnalité, l'économiste Jacques Attali parlerait d'économie de la vie[1], qui soit productrice de solutions de santé pour accompagner les individus tout au long de leur vie. Des coalitions entre des acteurs de la société civile, des institutions publiques, des industriels de l'agroalimentaire, du sport, de la qualité des airs, des eaux et de l'industrie pharmaceutique pourraient se structurer autour d'accords de rétrocession.

Durant la phase dite « préventive », où l'industrie alimentaire et le sport, par exemple, sont concernés, au cours de laquelle le citoyen vit en bonne santé, se nourrit, fait du sport et partage volontairement ses données de santé *via* les multiples objets connectés, on peut imaginer que les laboratoires pharmaceutiques puissent avoir accès à ces informations afin de mieux comprendre les mécanismes immunitaires, biologiques

1. Jacques Attali, *L'Économie de la vie*, Fayard, 2020.

et énergétiques des pathologies auxquelles seront confrontés potentiellement certains individus. Il s'agit d'optimiser la R&D en agissant de manière très précoce afin de faire émerger de nouvelles formes de thérapeutiques pour freiner l'irruption de la maladie. Afin de financer cette période exploratoire, on peut faire l'hypothèse que les accords prévoient que les entreprises pharmaceutiques perçoivent un pourcentage sur la performance des entreprises agroalimentaires. Quand la phase « thérapeutique » surviendra, (parce qu'elle surviendra malgré tout), ce sera l'inverse. Ce type de coalition peut se transposer à d'autres secteurs comme le phytosanitaire ou encore le secteur automobile, qui s'engageraient à produire de la santé en réduisant les émissions de gaz à effet de serre. Aujourd'hui, l'industrie pharmaceutique cherche à utiliser l'intelligence artificielle et les données de santé pour identifier de nouvelles cibles thérapeutiques et de nouvelles indications pour des traitements existants. On voit bien ici en quoi cet outil pourrait être au service d'un collectif pour une finalité sociétale partagée.

Conclusion

> « L'entrepreneur n'est pas responsable parce qu'il a commis une faute, mais parce que l'acte d'entreprendre a le sens d'une décision qui vaut promesse. »
>
> Ewald (1997)

Tous les grands laboratoires pharmaceutiques revendiquent une promesse et une mission de santé publique. « Chez Novartis, nous avons une mission à la fois ambitieuse et exigeante : réinventer la médecine pour améliorer et prolonger la vie » ; « Chez Sanofi, nous nous engageons à couvrir les besoins de santé des patients et à les accompagner dans leur parcours de vie » ; « Chez GSK, notre but est d'améliorer la qualité de vie pour que chaque être humain soit plus actif, se sente mieux et vive plus longtemps » ; « Chez Pfizer, nous innovons chaque jour pour faire du monde un endroit plus sain. Des découvertes scientifiques aux produits révolutionnaires, en passant par nos partenariats essentiels dans le monde entier, nous nous engageons à offrir des soins de santé de qualité pour tous. Parce que chaque individu compte. »

L'heure est donc venue de rendre cohérentes leurs intentions en choisissant un modèle plus égalitaire et plus écologique.

Il s'agit pour eux de renouer avec leur rôle premier d'entrepreneurs et de décider de sortir d'un modèle de développement promu par la financiarisation qui les pousse à se concentrer sur la différenciation du produit et justifier des marges plus élevées.

Nul besoin de le nier, il s'agit d'un renoncement périlleux, dans un contexte d'incertitudes croissantes, de défiance et de rapport de force installé depuis de nombreuses années. Ce changement exige des convictions profondes, celles que les affaires peuvent être menées autrement, que le succès ne se mesure pas seulement en termes de chiffres d'affaires, de « boîtes de médicaments » vendues, mais aussi et surtout en vies sauvées. Il exige du courage pour renoncer à certaines croyances et pratiques, pour faire des choix disruptifs quant à la gouvernance et au modèle d'affaires. L'histoire de la structuration de l'industrie pharmaceutique montre que ces grandes entreprises ont toujours su s'adapter, innover et se transformer, mais sauront-elles changer ?

Sans action de leur part, et à court terme, les entreprises savent bien qu'elles subiront un « contrôle social » de plus en plus pressant. Dans un contexte post-Covid-19 de tensions politiques, sociales et économiques, l'autorisation de mise sur le marché d'un médicament et l'obtention de son prix pourraient être de plus en plus conditionnées à des garanties en matière d'accès, d'approvisionnement et d'une performance RSE sur l'ensemble de la chaîne de valeur. Pour contrôler l'inflation des prix, les États vont de plus en plus se concerter et se regrouper, ils pourraient être de plus en plus enclins à utiliser les licences obligatoires comme outil de régulation. Il faut savoir que bien que jamais utilisée aux États-Unis, cette mesure obtient un soutien croissant parmi les membres du Congrès américain[1]. Le rapport de force perdurerait et fragiliserait les entreprises qui par ailleurs sont sous pression financière constante, enlisées dans un système d'« industrialisation de l'actionnariat ».

Le rôle des pouvoirs publics est donc déterminant pour accompagner cette mutation, en acceptant de se rassembler, de mutualiser leurs efforts, de partager les risques inhérents à la recherche et de renforcer un système de santé mondial, les défis sanitaires étant de plus en plus interdépendants et transfrontaliers. Ils doivent également réguler plus fermement les excès du monde de la finance et inciter le capitalisme à se mettre pleinement au service de l'économie de la vie.

Les États doivent aussi accepter de partager, en quelque sorte, leur mission de service public et de sortir du « contrôle social » pour endosser un rôle plus entrepreneurial et s'inscrire dans une dynamique de collaboration efficiente. Le rapprochement du public et du privé pour répondre à des missions de service public a toujours fait l'objet de débats philosophiques controversés. Dans les années 1960, l'économiste Theodore Levitt y voyait un risque de création de sociétés monolithiques. Milton Friedman expliquait, dans les années 1970, que n'étant pas élues par le peuple, les entreprises n'avaient aucune légitimité pour s'occuper des problèmes d'intérêt collectif. Sauf que l'entreprise évolue « en société » et pas seulement « en marché ». Elle a un rôle politique par sa nature. Elle crée des emplois et organise le vivre-ensemble de ses employés. Elle crée de la richesse économique et sociale au travers

1. Mariana Mazzucato *et al.*, « The people's prescription. », *op. cit.*

des relations qu'elle entretient avec de très nombreuses parties prenantes. Dans les modèles contemporains, la responsabilité devient collective et demande une approche globale. L'entreprise n'a pas vocation à se substituer aux États, bien sûr, elle se comporte en partenaire et contribue à l'amélioration de la vie des citoyens et des écosystèmes. C'est le passage d'un capitalisme actionnarial à un capitalisme partenarial. L'art de manager réside, dès lors, dans la capacité à relier et à unir une variété de compétences, de savoirs, de parties prenantes aux exigences parfois contradictoires (gérants d'actifs, salariés, usagers, prescripteurs, etc.) pour servir des objectifs et des intérêts communs. Ce rôle social et politique est d'autant plus déterminant dans le secteur pharmaceutique, dont le contrat social s'est construit sur l'idée implicite que les entreprises pharmaceutiques ont été créées « par la société et pour la société » pour maximiser les politiques de santé publique.

Les laboratoires peuvent choisir de participer au développement de ce capitalisme partenarial, mieux redistributif, au service d'un progrès qui contribue à l'amélioration de la vie de chacun et qui protège notre planète. Chacun, à sa manière, est entré dans l'ère contributive, certains en étant labellisés B-Corp, d'autres en développant une RSE pharmaceutique intégrée. La récente coalition « Access Accelerated » montre que de nouvelles formes de partenariats entre laboratoires peuvent émerger afin de répondre à des situations sanitaires complexes : « Nous envisageons un avenir où personne ne mourra prématurément d'une maladie évitable et traitable et où toutes les personnes vivant avec des maladies non transmissibles ou risquant d'en être atteintes auront accès à une prévention, des traitements et des soins appropriés, de qualité et à un prix abordable. [...] Individuellement, chaque entreprise membre d'Access Accelerated a un héritage de programmes, de connaissances et d'expériences. Mais en travaillant ensemble, grâce à des modèles de partenariats innovants, nous pouvons combiner les forces individuelles pour un plus grand impact collectif[1]. » Le mouvement est enclenché et doit maintenant pouvoir se concrétiser au travers d'une économie pharmaceutique coopérative, qui valorise la performance d'usage et l'utilité des innovations. C'est un modèle qui porte une triple vision, économique, sociétale et écologique qui a pour vertu de rassembler durablement tous les acteurs d'une filière sur des intérêts communs. L'UE est à la croisée des chemins et peut choisir de bâtir l'Europe de la santé sur ce modèle. Avec ces partenaires elle est à même d'inventer et de développer des dispositifs qui rendront ces nouveaux modèles coopératifs acceptables. Certains ont été proposés dans cet ouvrage, comme une potentielle version sociale de la DCF ; d'autres sont encore à inventer.

La gestion mondiale de la crise de la Covid-19 montre que face au danger, à l'incertitude et à l'urgence d'une situation sanitaire sans précédent, les acteurs réussissent à se rapprocher et à s'organiser. Certes, des États et des laboratoires agissent encore de manière très individualiste, mais un modèle comme COVAX et la coalition européenne prouvent que la solidarité peut être choisie. Alors pourquoi ne pourrait-elle pas devenir une norme dans le monde d'après ?

Les laboratoires impliqués dans la mise à disposition d'un vaccin et de traitements contre la Covid-19 ont ici une occasion unique d'inciter tout un secteur à renouer avec ses valeurs profondes d'humanité.

---

1. accessaccelerated.org

Les laboratoires ne doivent pas par ailleurs surestimer leur position de force... Des coalitions qui rassemblent des philanthropes, des universitaires, des start-up de biotechnologie, des MedTechs, des sociétés de la e-santé avec un soutien massif des nations et d'une finance durable active pourraient parfaitement mener cette transition sans eux...

L'avenir de cette industrie dépend donc de la capacité des acteurs à se rassembler autour de valeurs communes, autour d'un contrat social coopératif qui produit une santé publique plus égalitaire et plus écologique. C'est utopique ! diront certains... Mais l'utopie ne serait-elle pas de croire que le modèle pharmaceutique puisse continuer ainsi ? Quel avenir peut avoir un modèle économique, s'il ne permet pas l'accès à ses innovations, s'il ne réduit pas les inégalités, s'il ne prend pas soin de l'environnement ? Face à ces défis, l'utopie change de camp...

La crise de la Covid-19 rebat les cartes de beaucoup de croyances, montre les limites de concepts économiques traditionnels. Nous avons là une formidable opportunité de penser autrement et de faire autrement. Essayons de dépasser les querelles idéologiques, celles qui conduisent à pointer du doigt uniquement les défaillances de l'industrie pharmaceutique, qui de son côté doit appréhender avec lucidité certaines accusations qui lui sont faites... Requestionner la raison d'être du secteur pharmaceutique revient à ouvrir une discussion anthropologique : que souhaite la société civile en termes de politique du médicament ? Menons tous ensemble ce débat pour le bien de tous.

Annexe

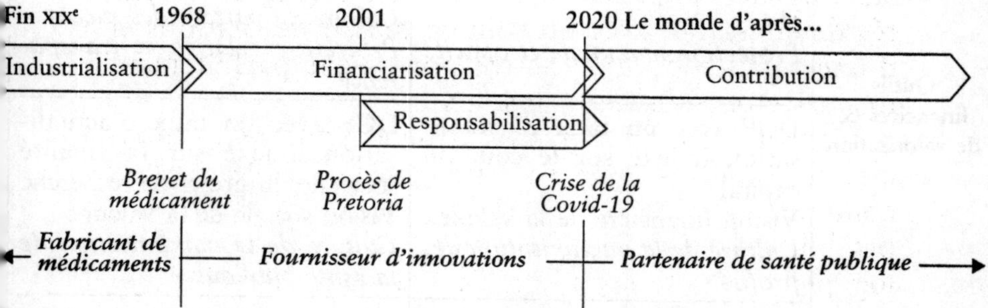

Modèle d'innovation	R&D publique-privée collaborative centrée sur la recherche d'un produit *Culture du secret et de recherche d'une performance économique et financière* *Individualisme*	R&D publique-privée coopérative centrée sur les besoins et la recherche d'une solution de santé *Culture d'ouverture et de recherche d'une performance intégrée et globale sociale, environnementale et économique* *Coalition*
Modèle économique	Modèle économique basé sur la vente de médicaments	Modèle économique basé sur la valorisation d'une performance d'usage et d'une utilité sociétale de produits et de services (solutions de santé)
	Économie pharmaceutique de la production et de la consommation *Approche traditionnelle par les coûts et les prix élevés* *Recherche d'une marge et d'une rentabilité élevée*	Économie pharmaceutique de coopération et de fonctionnalité basée sur un modèle « à progrès partagé » *Approche coopérative du partage du risque qui dissocie les coûts du prix* *Recherche d'une marge et d'une rentabilité raisonnable, équitable et durable*

Outils financiers & de valorisation	Brevet exclusif et stratégie de *patent thickets* *Culture de pouvoir sur le marché* *Protection maximale et opacité*	Brevet partagé : les partenaires bénéficient de droits plus étendus en fonction des résultats de la solution, communauté de brevets *Culture du partage des succès* *Protection relative et transparence*
	DCF avec un taux d'actualisation indexé sur le coût du capital Vision financière de la valeur *Culture de la maximisation des profits*	DCF avec un taux d'actualisation indexé sur la finalité sociétale du projet de recherche Vision sociale de la valeur *Culture de la maximisation de la santé publique*
	Finance actionnariale néolibérale	Finance actionnariale durable
Outils de management	*Corporate governance*	Gouvernance contributive
	Rémunération variable conditionnée à la performance financière	Rémunération variable conditionnée à la performance financière et extrafinancière
	Statut traditionnel de l'entreprise	Statut à impact positif : *benefit corporation* ; *social purpose corporation* ; société à mission, etc.
	Mission Découvrir, développer et produire des médicaments innovants de haute qualité répondant à des besoins médicaux non couverts et s'assurer de les rendre disponibles à tous les patients qui en ont besoin *Impact limité de la mission* *Cible des pays les plus solvables et les patients pouvant payer*	Mission Co-innover et coproduire des solutions de santé répondant à des besoins médicaux de santé publique qui prennent en compte ses déterminants (en lien avec les objectifs du développement durable) *Impact élargi de la mission : toutes les populations qui ont en besoin peuvent en bénéficier*

Remerciements

Je remercie (par ordre alphabétique) :

Eric Baseilhac, directeur des affaires économiques du Leem,

Thomas Borel, directeur scientifique et de la RSE du Leem,

Liliana Doganova, chercheure en sociologie et professeure à l'École nationale supérieure des Mines de Paris,

Emma Dubrunfaut, codirectrice bénévole du GRAAL,

Philippe Duneton, directeur exécutif Unitaid,

Guy Eiferman, ancien dirigeant dans l'industrie pharmaceutique, enseignant à Sciences Po et conseil en santé numérique,

Manuel Gea, cofondateur et directeur général de Bio-Modeling Systems,

Béatrice Parance, professeure de droit à l'université de Paris VIII et directrice du Centre de recherche en droit privé et droit de la santé,

pour leur témoignage et leur point de vue qui enrichissent grandement la réflexion menée.

Des remerciements tout particulier à ma sœur Béatrice Gimenes-Duplessy et Nicolas Fournier pour leur aide précieuse et dévouée de relecture et pour leurs encouragements, à Bertrand Valiorgue, professeur en stratégie et gouvernance de l'université Clermont

Auvergne, et à Albert David, professeur en management de l'innovation de l'université Paris-Dauphine, pour nos riches discussions de chercheurs.

Enfin, je remercie également tous ceux qui ont nourri mes réflexions et qu'il est possible d'identifier, pour certains d'entre eux, dans la bibliographie.

En hommage à toutes ces personnes, et parce qu'il est important pour moi de ne porter aucun jugement de valeur, mais davantage d'inviter à la réflexion collective, le « nous » de modestie est utilisé dans cet ouvrage.

Bibliographie

ABECASSIS Philippe et COUTINET Nathalie, *Économie du médicament*, Paris, La Découverte (Repères), 2018.

AGGERI Franck et CARTEL Mélodie, « Le changement climatique et les entreprises : enjeux, espaces d'action, régulations internationales », *Entreprises et histoire* 1 (86), 2017, pp. 6 à 20.

ATTALI Jacques, *L'Économie de la vie*, Paris, Fayard, 2020.

BANERJEE Abhijit V. et DUFLO Esther, *Économie utile pour des temps difficiles*, Paris, Éditions du Seuil, 2020.

BARBEREAU Serge, « La contrefaçon des médicaments : un phénomène en pleine expansion », *Médecine tropicale* (66), 2006, pp. 529-532.

BATIFOULIER Philippe, DA SILVA Nicolas et DOMIN Jean-Paul, *Économie de la santé*, Paris, Armand Colin, coll. « Cursus », 2018.

BERGOUIGNAN Marie-Claude, MONTALBAN Matthieu, SAKINÇ Erdem *et al.*, *L'Industrie pharmaceutique : règles, acteurs et pouvoir*, Paris, La Documentation française, coll. « Les études », 2014.

BELKHIR Lotfi et ELMELIGI Ahmed, « Carbon footprint of the global pharmaceutical industry and relative impact of its major players », *Journal of Cleaner Production* vol. 214, 2019, pp. 185-194.

BOIDIN Bruno et LESAFFRE Lucie, « L'accès des pays pauvres aux médicaments et la propriété intellectuelle : quel apport des partenariats multiacteurs ? », *Revue internationale de droit économique* 24 (3), 2011, pp. 325-350.

BUSE Kent et WAXMAN Amalia, « Public-private health partnerships : a strategy for WHO », *Bulletin of the World Health Organization* 79 (8), 2001, pp. 748-754.

CASSIER Maurice, « Brevets pharmaceutiques et santé publique en France : opposition et dispositifs spécifiques d'appropriation des médicaments entre 1791 et 2004 », *Entreprises et histoire*, n° 36 (2), 2004, p. 29.

CASSIER Maurice, « Brevet et santé », *Dictionnaire de la pensée médicale,* Presses universitaires de France, 2004.

CLAXTON Karl, MARTIN Steve, SOARES Marta *et al.*, « Methods for the estimation of the National Institute for Health and Care Excellence cost-effectiveness threshold », *Health Technology Assessment* n° 19. 14, 2015, 504 p.

DAVID Albert et GIMENES Nathalie, « La "raison d'être" de l'entreprise rebat les cartes du jeu concurrentiel », *The conversation*, 2020.

DOGANOVA Liliana, « Que vaut une molécule ? Formulation de la valeur dans les projets de développement de nouveaux médicaments », *Revue d'anthropologie des connaissances* 1 (9), 2015, pp. 17-38.

DOGANOVA Liliana, « Décompter le futur : la formule des flux actualisés et le manager-investisseur », *Sociétés contemporaines* (1), 2014, pp. 67-87.

DOMIN Jean-Paul, « De la démocratie sociale à la démocratie sanitaire : une évolution paradigmatique ? », *Les Tribunes de la santé* 5 (n° HS 3), 2014, pp. 21 à 29.

FRENK Julio et MOON Suerie, « Governance Challenges in Global Health », *The New England Journal of Medicine* 10 (368), 2013, pp. 936-942.

GIMENES Nathalie et PAYAUD Marielle A., « Un *framework* pour un diagnostic des pratiques RSE dans un secteur d'activité. Cas de 10 entreprises pharmaceutiques mondiales », *Management International* 23 (1), 2018, pp. 12-27.

GOLDACRE Ben, DEVITO Nicholas J., HENEGHAN Carl *et al.*, « Compliance with requirement to report results on the EU Clinical Trials Register: cohort study and web resource », *BMJ* (362), 2018.

GOLDACRE Ben, LANE S, MAHTANI K. R *et al.*, « Pharmaceutical companies' policies on access to trial data, results, and methods: audit study », *British Medical Journal* (358), J3334, 2017.

GOMEZ Pierre-Yves, « La gouvernance actionnariale et financière, une méprise théorique », *Revue française de gestion* 8 (198-199), 2009, pp. 369 à 391.

GOND Jean-Pascal et IGALENS Jacques, *La Responsabilité sociale de l'entreprise*, 4e édition, Paris, Presses universitaires de France, coll. « Que sais-je ? », 2014.

GRANOVETTER Mark, « Economic Action and Social Structure: The Problem of embeddedness », *American Journal of Sociology* vol. 91 (3), 1985, pp. 481-510.

IZAMBERT Caroline, « La transparence du coût des médicaments, une mesure de santé publique ? », *Santé publique* 31 (3), 2019, pp. 335-337.

KYLE Margaret et PERROT Anne, « Innovation pharmaceutique : comment combler le retard français ? », *Les Notes du conseil d'analyse économique* (62), 2021.

LÉONARD Jacques, *La Médecine entre les savoirs et les pouvoirs : histoire intellectuelle et politique de la médecine française au XIXe siècle*, Aubier-Montaigne, Paris, 1981 (Collection historique).

LEVILLAIN Kevin, *Les Entreprises à mission : Formes, modèle et implications d'un engagement collectif*, thèse de doctorat, 2015.

MARTINET Alain-Charles, *Management stratégique : organisation et politique*, Paris, McGraw-Hill, 1984.

MAZZUCATO Mariana, CHOW Heidi, LAPLANE Andrea *et al.*, « The people's prescription. New major policy on re-imagining health innovation to deliver public value », IIPP Policy Report, 2018.

MCKAY G., « Pharmaceuticals residues in the environment », *International Pharmacy Journal* 1 (2), 1987, pp. 60-64.

MONNERET Claude, « Les héparines contaminées », *Annales pharmaceutiques françaises* 66 (4), 2008, pp. 212-215.

PRZYSWA Eric, « Contrefaçon de médicaments et organisations criminelles », hal-00872275, 2013.

RABEHARISOA Vololona, MOREIRA Tiago et AKRICH Madeleine, « Evidence-based activism: Patients' organisations, users' and activist's groups in knowledge society », *BioSocieties* 9 (2), 2014.

SEGRESTIN Blanche, « La mission, un nouveau contrat social pour l'entreprise », *Esprit* n° 442, 2018, pp. 90-101.

SEGRESTIN Blanche et HATCHUEL Armand, *Refonder l'entreprise*, Éditions du Seuil, 2012.

SEGRESTIN Blanche et LEVILLAIN Kevin, *La Mission de l'entreprise responsable*, Paris, Presses des Mines, 2018.

TABUTEAU Didier, *Démocratie sanitaire : les nouveaux défis de la politique de la santé*, Odile Jacob, 2013.

TURCOTTE Marie-France B. et PASQUERO Jean, « L'industrie pharmaceutique et ses responsabilités sociales », *in* LEVY Joseph J. et GARNIER Catherine, *La Chaîne des médicaments : perspectives Pluridisciplinaires*, Presses de l'Université du Québec, coll. « Santé et societé », 2007, pp. 199-233.

VALIORGUE Bertrand, *La Raison d'être de l'entreprise*, Presses universitaires Blaise Pascal, 2021.

VIDEAU Jean-Yves, « Médicaments, coût et qualité », *ReMed* (36), 2007.

Pour accéder aux documents, rapports, pages web mentionnés en bas de page, il est possible d'aller sur le site internet de l'auteure : Essai Nathalie GIMENES | BE-CONCERNED (be-concerned.com)

Table

Composition et mise en pages
Nord Compo à Villeneuve-d'Ascq

CET OUVRAGE
A ÉTÉ ACHEVÉ D'IMPRIMER
SUR ROTO-PAGE
PAR L'IMPRIMERIE FLOCH
À MAYENNE EN AVRIL 2021

N° d'impression : 98134
Imprimé en France